KB113582

M. 엘리아데

종교와 신화

차례
Contents

03 종교학 그리고 엘리아데 12 엘리아데의 생애와 저술 17 범
주의 갱신-성(聖)과 속(俗) 35 현상의 기술-상징·상상력·역사
55 창조적 해석학-고대의 존재론과 새로운 휴머니즘 82 인식과
상상의 긴장

종교학 그리고 엘리아데

종교이해의 준거들

'고전적'으로 말한다면 종교학은 '종교에 대한 객관적인 연구'입니다. 물론 이제는 '종교'라는 개념뿐만 아니라 '객관적인 연구' 그리고 '학문'이라는 개념에 대해서도 명쾌한 서술이나 설명이 쉽지 않다는 것을 누구나 승인하고 있습니다. 따라서 종교학에 대한 이처럼 소박한 정의에 만족하는 사람들이 많을 것 같지는 않습니다. 하지만 그것이 '특정 종교의 자기주장'을 좇아 인류의 종교경험을 서술하려는 학문이 아니라는 사실은 대체로 인정하고 있는 듯합니다.

우리는 종교라고 일컬어진 인간의 삶이 언제 어디서나 동일하고 동질적이며 불변하는 보편적인 현상이 아니라는 것을 익히 알고 있습니다. 우리가 살고 있는 지금의 상황에서도 그러할 뿐만 아니라 역사적으로도 그렇습니다. 우리는 무수히 많은 다양한 종교들과 공존하고 있고, 그처럼 많은 종교의 성쇠(盛衰)를 역사를 통해 실증할 수 있습니다.

그럼에도 불구하고 우리는 특정 종교들의 자기 주장을 따라 종교라는 현상을 이해하는 '관성(慣性)'을 지니고 있습니다. 이를테면 서양문화는 오랫동안 크리스트교의 전통 속에서 종교를 이해하고 해석하고 의미를 부여해 왔으며, 모든 다른 종교들을 판단하는 준거를 거기에 두어 왔습니다. 이슬람권이 또한 다르지 않고, 인도문화권도 다르지 않습니다. 이슬람교나 힌두교가 종교의 전형(典型)으로 전제되었고, 그로부터 비롯하는 종교이해를 준거로 여타 종교들을 읽고 이해하고 판단하였습니다. 중국을 비롯한 '동양' 문화권에서는 유교나 도교로 서술되는 특정한 문화 풍토가 종교를 구축하는 토대로 전제되었습니다. 개인들도 다르지 않습니다. 자신이 선택하고 봉헌한 종교를 준거로 종교일반에 대하여 인식하고 있으며, 종교논의는 그러한 판단을 전제하고 이루어지고 있습니다.

우리는 그러했던 역사적 사실이나 현실적인 정황을 가볍

게 지나칠 수 없습니다. 하지만 종교에 대한 이러한 태도나 논의의 내용이 심각한 도전에 직면하고 있고 급격하게 변하고 있음을 우리는 '지금 여기'에서 실감하고 있습니다. 그리고 그러한 변화를 승인하는 일은 매우 중요합니다. 거시적인 안목으로 인류의 종교사를 조망하면 우리는 비교적 선명하게 '종교의 역사적 변천'을 기술할 수 있기 때문입니다. 즉, 종교라고 일컬을 수 있는 것이 따로 있지 않은 채 '종교적'이었던 시대, 종교라는 섯이 구분될 수 있는 문화로 등장하면서 각기 개개 종교들이 자신의 절대성을 당해 문화권 안에서 규범적인 것으로 발휘하던 '종교'의 시대, 문화권의 단절이 소통 가능하게 열려지면서 하나의 문화권 안에 여러 종교들이 공존할 수밖에 없게 된 '종교들'의 시대, 그리고 삶의 모든 양태들이 스스로 의미 있고 가치 있는 절대적인 것으로 여겨지면서 특별히 종교라는 전승된 문화만이 아니라 일상적인 삶 자체를 '종교적'이라고 읽어야 비로소 삶의 모습이 묘사될 수 있는 '종교적인 것'의 시대로 진전되어온 '흐름'이 그것입니다.

이러한 사정을 감안하면 우리의 일상적인 종교이해가 실은 상당한 문제를 담고 있음을 확인하게 됩니다. 예를 들면 '종교'의 시대에 종교를 묘사하고 설명하는데 적합하던 어휘나 문법들이 '종교들'의 시대나 문화, 또는 '종교적인 것'의 시대나 문화에서도 여전히 종교를 서술하고 논의하는데서 적합성을 가질 것인가 하는 문제와 직면하기 때문입니다. 그런데 우리는 이미 그러한 '종교'시대의 종교이해가 '종교들'의 시대에 종교를 설명하는 데서 직면하는 한계를 현실적으로 절감하고 있습니다. 자신을 봉헌한 종교만이 종교일 뿐 다른 종교는 '그릇된 종교'이거나 '종교가 아닌데 종교라고 잘못 불린 종교'라는 종교이해의 한계가 그것입니다.

이러한 '인식'은 실은 '종교적 봉헌' 이외의 아무 것도 아닙니다. 그럼에도 불구하고 그러한 봉헌이 발언하는 자기주장을 종교일반에 대한 바른 인식으로 수용하는 것은 종교에 대한 비현실적인 인식을 정당화하는 과오를 범하는 것과 다르지 않습니다. 왜냐하면 그러한 태도는 사물에 대하여 '있되 없다'는 논리를 전개하는 것과 마찬가지이기 때문입니다. 만약 우리가 오늘 인류의 종교실태를 조금만 진지하게 주목해 본다면 종교에 대한 그러한 '인식'이 얼마나 '비상식적'인 것인지 충분히 짐작할 수 있을 것입니다.

이러한 맥락에서 보면 오늘의 범세계적인 종교 간의 갈등은 '적합성을 잃은 언어에 의한 그릇된 종교인식'이 낳은 비극이라고 할 수도 있습니다. '종교'를 서술하는 언어로 '종교들'을 서술하는 것은 실재와의 만남에서 '부정직'을 범하는 것과 다르지 않기 때문입니다. 그런데 이러한 과오를 벗어나기는 쉽지 않습니다. 관성적 사고는 인간의 사유 틀을 지배하는 가장 현실적인 것이기도 합니다. 일정한 문화적 에토스(ethos, 민족적·사회적 관습을 의미하는 그리스어)나 역사적 맥락으로부터 자유로울 수 있기 위해서는 의도적인 노력을 경주(傾注)해야 하는데 그것이 때로는 자신의 존재뿌리를 뽑아버리는 일과 다르지 않은 사태를 빚기 때문입니다.

종교학의 되물음

그렇다 할지라도 분명한 것은 이제 우리는 기존의 종교담론에 대하여 근원적으로 다시 묻지 않을 수 없게 되었다는 사실입니다. 그렇다면 어쩌면 믿으면 그만인 '종교'에 대하여 굳이 학문적인 접근을 통해 그 현상을 이해하려는 종교학의 출현도 그러한 되물음을 준거로 하면 더 잘 이해할 수 있을 듯합니다. 종교학은 종교에 대한 인식이 '봉헌'이나 '돈독함'을 서술하는 것만으로 끝날 수 없는 것이기 때문에 그러한 자리에만 머무는 것은 예상하지 못한 과오를 범할 수 있는 자리에 머물고 있는 것과 다르지 않다는 사실에 대한 성찰에서 비롯한 것입니다. 그러므로 종교학은 이성적인 비판적 인식을 통하여 종교라는 현상을 기술하고 분석하고 해석하고자 합니다. 하지만 그것이 종교를 부정하거나 평가절하하거나 해체하고자 하는 것은 아닙니다.

종교에 대한 학문적 접근을 시도한 몇몇 태도들이 종교를 부정적으로 평가하고, 나아가 어떤 실재성도 종교에 부여하지 않으려는 태도로 일관한 경우가 없지는 않습니다. 종교는 성숙하지 못한 심성이 빚은 환상이라거나 계급적 갈등의 구조 속에서 기능한 노예도덕이 구체화된 것이라는 주장들이 대표적입니다. 그러나 종교학은 실존적 결단이라든지 궁극적인 관심이라든지 하는 것들이 삶을 살아가는 인간에게 더할 수 없이 귀한 필수적인 의미와 가치를 지니고 있는 것임을 승인합니다. 자신을 봉헌하거나 돈독한 신심으로 자신의 삶을 다스리는 어떤 경험이 실재한다는 사실을 승인하고 있는 것입니다.

그럼에도 불구하고 종교학은 그러한 경험이 빚을 수 있는 자폐적(自閉的)인 태도가 초래할 '게으르고 자의적(恣意的)이고 편리한 인식'을 또한 지양하려 합니다. 그러한 종교인식이 빚은 참상을 역사는 극명하게 증언하고 있고, 지금 여기에서 그러한 사태가 빚는 비극이 어떠하다는 것을 우리는 간과할 수 없기 때문입니다. 종교학은 지적 호기심에서 비롯한 것이 아닙니다. 이를테면 신의 존재여부를 논의의 초점으로 삼지 않습니다. 그것은 '신도의 고백'에 속한 사항입니다. 중요한 것은 '신이 있다'고 믿는 태도와 '신이 없다'고 하는 태도의 현실성입니다. 그렇기 때문에 종교학은 직접적이고 구체적인 삶의 현실에서 야기되는 실제적인 문제로부터 자신의 물음을 폅니다.

이러한 자리에서 보면 서양의 지성사(知性史)가 계몽주의와 낭만주의의 두 흐름이 교차하는 소용돌이를 종교학의 모태로 지적하고 있는 것은 주목할 만한 일입니다. 이 둘은 일견 상반하는 흐름으로 보이지만 그 둘은 모두 인간이 삶의 주체라는 사실을 공유하고 있습니다. 비록 이성과 정감이라는 다른 준거로 삶을 꾸려 나가는 차이가 있다할지라도 그러한 삶의 태도가 자신이 '책임적 자아'라는 자각에서 비롯한 것임을 공유하고 있기 때문에 따로 떼어놓을 수 없습니다. 그것은 달리 말하면 그러한 사조가 일어나기까지 문화를 지배해온 크리스트교의 신학적 전통이 새로운 삶의 현실에서 더 이상 적합한 것일 수 없을 뿐만 아니라 오히려 하나의 억압기제(抑壓機制)로 현존한다는 사실, 따라서 그것에 대한 저항이야말로 당대의 '정직성' 또는 '도덕'일 수밖에 없다고 하는 사실, 그리고 그러한 자의식으로부터 비롯하는 새로운 출구의 모색, 또는 상실된 인간을 되찾으려는 '자기 속임이 없는 진솔한 몸짓'은 불가항력적인 것이라는 사실, 그것이 자기 경험을 축으로 하는 문화국지주의적(文化局地主義的) 울을 벗어나 인류와 그의 문화에 대한 새로운 자각과 이어지면서 이성과 정감의 상반하는 삶의 결을 사람들은 제각기 선택적으로 강조할 수밖에 없었다는 사실, 그리고 마침내 그 귀결이 종교와 관련하여 종교학의 출현, 곧 종교에 대한 인간적 공감을 상실하거나 간과하지 않으면서도 이에 대한 비판적 인식을 의도함으로써 종교문화 일반을 새롭게 읽고 해석하려는 작업으로 자연스럽고 당연하게 이어졌다는 사실을 보여주는 것이기도 합니다. 다시 말하면 '종교'를 일컫는 언어가 '종교들'의 현실 속에서는 부적합하다는데 대한 즉각적이고 직접적이며 현실적이고 불가피한 귀결이 종교에 대한 학문적인 관심으로 드러날 수밖에 없었던 것임을 보여주고 있는 것입니다.

종교학의 비조(鼻祖)라고 평가되는 막스 뮐러(Max Müller, 1823~1900)가 사람들이 종교에 자신을 봉헌하고 자신의 신앙을 더 돈독하게 하기 위하여 종교'를' 연구하는 '특정 종교의 자기 주장의 논리'와 달리 종교에 '대한' 인식을 도모하려는 '새로운 학문'을 처음으로 '종교-학(allgemeine Religionswissen- schaft, the science of religion)'이라고 부른 것을 우리는 이러한 맥락에서 새롭게 평가할 수 있습니다.

엘리아데(Mircea Eliade, 1907~1986)는 그러한 종교학의 전승 속에 있는 하나의 학자입니다. 하지만 그는 그러한 전통을 견지하면서도 문제를 제기하고, 사실을 서술하며, 의미를 해석하고, 이를 실천적으로 적용하는 일련의 과정에서 그를 여타 종교학자들과 같은 열에 놓을 수 없게 하는 중요한 계기들을 자신의 학문 안에 마련해 놓았습니다. 동시에 그의 주장들은 종교학의 울을 넘어 그의 생전의 당대 지성계(知性界) 전체에 새로운 충격을 주었으며, 아직도 그 여진은 가라앉지 않고 있습니다. 그의 주장들, 곧 그의 종교인식의 방법론이나 해석학, 그가 주장한 이념적 지향이나 규범적 요청 등은 찬반의 격론을 일게 하면서 '종교에 관한 되물음' '학문한다는 것' '현대인의 실존적 정황' '영성(靈性)' '구원의 희구' '상상력의 지평' '휴머니즘' 등에 대하여 되묻지 않을 수 없도록 하고 있는 것입니다. 우리가 이 작은 책을 통해 살펴보려는 것은 바로 이러한 맥락에서 '도대체 왜 엘리아데인가?'하는 물음에 대한 해답을 모색하려는 것입니다.

엘리아데의 생애와 저술

엘리아데는 루마니아의 부카레스트(Bucharest)에서 태어나 미국 시카고에서 생을 마쳤습니다. 살아있는 동안 많은 종교학 전문서들을 펴냈습니다. 주제도 다양했습니다. 인도의 요가(Yoga)에 관한 것으로부터 오스트레일리아 원주민의 종교에 이르기까지, 신화와 역사·연금술(鍊金術)과 성년의례·역사주의와 새로운 휴머니즘 등의 주제를 망라하면서 종교문화 전반에 대한 폭넓은 자신의 조망을 기술하였습니다. 비단 종교학과 관련된 학술서뿐만 아니라 그는 생전에 자서전, 일기, 회고록 등을 비롯하여 여러 권의 소설들을 썼고, 희곡도 썼습니다. 그의 고향 루마니아에서 그는 종교학자이기보다

멀치아 엘리아데.

문학가로 더 평판이 높기도 합니다.

　그는 르네상스기의 철학자 피치노(Marsilio Ficino)가 그리스 철학을 재발견한 사실을 주제로 석사학위를 받았습니다. 그의 나이 스물 한 살 때인 1928년, 그는 인도로 갑니다. 칼캇타 대학에 있던 당대의 석학 다스굽타(Surendranath Dasgupta) 밑에서 1932년까지 머물렀는데 그동안 히말라야의 리쉬케쉬(Rishikesh)에 있는 암자(ashram)에서 6개월 정도를 보내기도 합니다. 그는 그곳에서 요가에 각별한 관심을 가지고 이를 공부하고 실제로 수행합니다. 그 과정에서 그가 발견한 것은 중국·동남아·아리안(Aryan) 시대 이전의 토착 인도·지중

해 세계·이베리아(Iberia) 반도 등의 '농경문화의 공통점'입니다. 여러 문화권의 농경문화를 섭렵하면서 그는 '우주적 종교(cosmic religion)'라는 개념을 끌어냅니다. 이를 통하여 개개 종교가 아니라 '인간의 종교적 의식(意識)'에 대하여 서술할 수 있는 기점을 확보할 수 있으리라고 판단한 것입니다.

귀국한 뒤, 1936년에 그는 부카레스트 대학의 요내스쿠(Nae Ionescu) 교수 밑에서 요가를 주제로 박사학위를 받습니다. 그는 이 논문을 통해 그의 일생의 주제가 된 신화와 상징에 대한 새로운 해석을 고대종교 및 다양한 동양종교 자료들을 통해 시도합니다.

이전에도 많은 단편들을 발표한 바 있지만 이 기간 동안에 그는 소설 『이사벨과 악마의 물 *Isabel and the Devil's Water*』을 발표하여 문단의 주목을 받습니다. 루마니아의 문학자인 칼리네수쿠(Matei Calinescu)는 후에 그의 문학과 관련하여 엘리아데는 '이야기의 존재론적 의미를 발견한 작가'라고 평합니다.

루마니아의 경우 1930년대는 격동의 시기였습니다. 정치적 혼란기에 그는 민족주의적이고 다분히 국수주의적인 우파 정치권력에 가까이 있었습니다. 이러한 처신 때문에 아직도 그가 반유대주의를 신봉하고 있었다는 구설수에 오르고 있습니다. 1940년에는 루마니아 정부의 런던 연락사무소에서 근무한 바 있고, 1941년에는 포르투갈의 리스본 주재 루마니아 대사관에서 문화업무를 담당하기도 했습니다. 그러다 1945년, 루마니아가 공산화되면서 그는 파리로 망명하여 1955년까지 머무릅니다. 1946년, 소르본느 대학에 방문교수로 초빙되면서 그는 『종교사 *Traité d'histoire des religions*』(1949), 『영원회귀의 신화 *Le mythe de l'eternal retour*』(1949), 『샤머니즘 *Le chamanisme et les techniques archaiques de l'extase*』(1951) 등을 출간합니다.

1957년, 49세에 그는 미국 시카고 대학의 교수로 부임합니다. 기존의 저술들이 영문으로 번역되고 새로운 저술들이 간행되면서 그는 일약 종교학계의 중심에 서게 됩니다. 1961년에는 종교학 학술지 『*History of Religions*』를 창간하였습니다. 그는 이 창간호에 실린 「종교학과 새로운 휴머니즘 *History of Religions and a New Humanism*」이라는 논문에서 다음과 같이 말하고 있습니다.

이 학술지 『종교학』은 오늘의 문화적인 삶 속에서 중요한 역할을 하지 않을 수 없게 되어있다. 그렇다고 주장할 수 있는 것은 비단 낯선 그리고 오랜 종교들에 대한 이해가 그러한 종교들을 드러내주는 현상들과의 문화적 대화에서 상당히 진지한 도움을 줄 것이라는 의미에서뿐만이 아니다. 더 중요한 까닭은 ……종교학이 불가피하게 인간에 대한 더 깊은 앎을 이룰 수 있게 할 것이기 때문이다. 그러한

앎에 기초해서만 새로운 휴머니즘이 범세계적인 규모로 발전할 수 있을 것이다.[1)]

1978년부터 그는 스스로 필생의 과제라고 말한 4권으로 된 『종교이념의 역사 *A History of Religious Ideas*』를 저술하는 데 심혈을 기울입니다. 그러나 마지막 책을 집필하지 못한 채 1986년 4월 22일 심장마비로 서거합니다. 그가 책임 편집인으로 있던 15권으로 된 『종교백과사전 *The Encyclopedia of Religion*』도 다음 해 1987년에야 완간되었습니다.

그렇다면 그가 종교와 관련하여 무엇을·왜·어떻게 주장하고 있는지 살펴보도록 하겠습니다.

범주의 갱신–성(聖)과 속(俗)

일상과 비일상의 중첩

엘리아데가 인식하려는 객체는 종교입니다. 그는 종교현상을 기술하고, 그렇게 기술된 현상을 인식 가능한 틀에 넣어 체계화하고, 그것이 종국적으로 우리에게 어떤 의미를 지니는가 하는 것을 풀고 싶어합니다.

그렇다면 그는 당연히 '종교란 무엇인가?'하는 물음을 물어야 합니다. 그러나 그는 그러한 투의 물음을 묻지 않습니다. 그러한 물음이 초래할 해답은 필연적으로 형이상학적인 본질에 귀결할 것이고, 그 해답은 다시 그 본질에 대한 인식을 준거로 한 규범적이고 당위적인 의미를 낳을 것인데, 실은 그러한 내용은 물음이 이미 스스로 배태하고 있었던 '전제'를 드러내는 것과 다르지 않을 것이기 때문입니다. 결국 그러한 '물음과 해답'은 물음 이전에 이미 자신이 내장하고 있던 어떤 해답에 대한 '확신'을 강화하고자 하는 장치 이상의 아무것도 아닙니다. 그러므로 사물에 대하여 명확하고 투명한 정의를 내릴 수 있다고 전제하는 이러한 '~란 무엇인가?' 하는 접근은 특정한 경험과 그것을 전승하는 특정한 문화에서만 적합성을 갖습니다. 엘리아데는 그러한 물음이 얼마나 범인류적인 경험을 간과한 채 특정한 문화가 특정한 시기에 빚은 개념의 논리만으로 스스로 보편적이고 완결된 인식을 구축했다는 착각을 빚는지, 그리고 제각기 다른 물음주체와 그만큼 다양한 삶의 정황을 얼마나 기만하고 있는지 '짐작'하고 있는 것입니다.

이러한 '사정' 때문에 그의 물음은 상당히 다릅니다. 비록 엘리아데 자신이 명쾌하게 서술하고 있는 것은 아니지만, 그의 물음은 '사람들이 무엇을 일컬어 종교라 하는가?'라는 투로 이루어지고 있습니다. 이 두 물음의 차이는 분명합니다. 앞에서 지적한 '종교란 무엇인가?'하는 물음은 종교를 실재하는 본질로 전제하는 데 반하여 뒤의 물음은 종교에 대하여 아무 것도 전제하지 않습니다. 종교가 어떤 하나의 본질로 실재하는 것이라는 전제를 승인하지 않습니다. 형이상학적인 전제의 부정으로 특징지어지는 이러한 물음은 현상을 있는 그대로 묘사하려는 소박한 관찰로부터 시작합니다. 엘리아데의 물음은 이러합니다.

그런데 바로 그렇기 때문에 이 물음은 종교를 묻는 자리에만 머물지 않습니다. 이 물음은 '사람들이 무엇을 일컬어 종교라 하는가?'하는 것을 넘어 '종교라고 일컬어진 현상'을 삶 속에서 드러내며 살아가는 사람살이에 대하여 총체적인 관심을 기울입니다. 곧 종교를 짓고 살아가는 인간의 삶은 과연 어떤 모습을 하고 있으며, 그러한 삶을 살아가는 인간은 도대체 어떤 존재인가 하는 물음에 가 닿는 것입니다.

이러한 물음을 통해 엘리아데가 우선 발견하는 것은 인간의 삶이 지닌 중층성(重層性) 또는 중첩성(重疊性)입니다. 인간의 삶은 '홑겹'으로 이루어진 것이 아니라는 사실을 그는 절실하게 드러내고 있습니다. 인간은, 예를 들면, 한 그루의 나무를 '봅니다.' 그런데 이 때 '본다'는 사실은 지금 앞에 있는 저 나무를 시각적으로 묘사하는 것으로 끝나지 않습니다. 나무를 보았다는 사실은 그 나무를 '만나 지니게' 하면서 그 나무를 그저 나무로 있지 않게 합니다. 그 나무는 '이제까지 없던 현실'을 내게 빚습니다. '나무'에 갇히지 않은, '나무'를 넘어서는, 어떤 '것'이 나무를 통해 내 삶의 현실 속에서 펼쳐지는 것입니다.

　나무의 존재의미는 그 나무의 경험주체에게 그렇게 솟습니다. '나무의 의미'는 나무의 시각적 묘사와 일치하지도 않고, 나무의 실재에 대한 설명과 일치하지도 않습니다. 나무가 있어 의미의 비롯함을 발언할 수 있지만 의미는 그가 비롯한 나무에 결코 되담기지 않습니다. 이 때 비로소 나무는 경험주체에게 '나무이게' 됩니다. 나무의 실재성은 그것을 만나는 주체에게 '나무 아닌 나무'이게 될 때 겨우 확보됩니다. 시각적인 묘사로 충분한 나무가 없지는 않습니다. 그런데 그러한 나무들만 있는 삶, 그것이 일상적인 삶입니다. 그러나 그러한 일상은 늘 스쳐지나갈 뿐 지녀지지 않습니다. 그러므로 일상 속의 나무는 실은 없습니다. 하지만 만나 지녀진 나무, 의미의 실재로 내게 경험된 나무, 그래서 나무이되 나무이지 않은 나무는 비록 그것이 일상을 준거로 한다면 비일상적인 것이라 할지라도 실은 그 나무만 있습니다.

　그렇다면 인간이 경험하는 나무는 '홑겹'이 아닙니다. 그 나무는 나무이되 나무이지 않고, 나무이지 않되 나무입니다. 인간은 '나무'와 '나무 아닌 나무'를 경험합니다. 나무는 그렇게 다른 두 양태로 존재합니다. 인간의 경험이란 이렇게 겹으로 이루어져 있고, 또 당연히 그렇게 겹일 수밖에 없습니다. 그것을 흔히 의식의 복합성, 사물의 중첩성, 인식의 양면성이라고 기술하기도 하지만 엘리아데는 그러한 설명이 홑겹이 아닌 삶을 충분히 서술하는 것은 아니라는 아쉬움을 지닙니다. 비록 그러한 서술이나 설명이 정치(精緻)하다 할지라도 그렇게 분석적일 수 없는 것이 삶이라는 주장을 하고 싶은 것입니다. 일상성과 비일상성의 중첩성, 그가 자신의 물음을 묻는 어귀에서 조우하는 삶의 현실은 그러한 것이었습니다.

그의 주장을 좀더 부연해봅시다. 엘리아데에 의하면 무릇 인간의 삶은 중첩된 구조를 틀로 하여 이루어지고 있습니다. 그렇기 때문에 삶은 그것이 아무리 엉켜있는 것 같아도 이러한 중첩성을 통해 '다듬어'집니다. '나무는 나무다. 그러나 나무이되 나무이지 않다. 그런데 나무이지 않되 나무다'라는 '굴절의 구조'가 바로 삶입니다. 그렇다는 것을 사람들은 모르지 않습니다. '나무뿐인 나무'나 '나무 아닌 나무'만의 어느 하나의 선택은 비현실적입니다. 사람들은 삶을 홑겹으로 살지 않습니다. 물론 '나무뿐인 나무'라는 한 겹의 인식 속에서도 삶은 소박하게 이루어집니다. 하지만 그 나무는 있어도 좋고 없어도 좋습니다. 그것이 있다는 사실이 경험주체의 삶에 아무런 무늬도 그리지 않습니다. 그러나 그 나무에다 '나무 아닌 나무'라는 또 한 겹의 인식을 겹쳐 놓으면 갑자기 없던 나무가 출현한 것처럼 그 나무는 뚜렷한 실재가 되어 내 삶에 깃듭니다. 그 때 비로소 사람들은 '나무의 실재'를 일컫습니다. '나무'는 '나무 아닌 나무'를 통해 스스로 의미 있는 것이 되는 것입니다.

성과 속의 변증법

엘리아데는 종교라고 일컬어진 문화가 바로 이 일상과 비일상의 틈새에서 빚어진 삶의 경험을 드러낸 현상이라고 이해합니다. 따라서 그에 의하면 종교를 논의하기 위해서는 도대체 인간의 경험이 삶을 어떻게 안고 펼쳐지기에 종교라는 현상이 문화를 기술하는 하나의 범주로 그려지고 있는가 하는 것을 살펴보아야 한다고 말합니다. 특정 종교의 교의나 제의나 공동체의 구조를 살피는 것만으로는 충분하지 않습니다. 따라서 이러한 문제의식은 아예 물음 자체를 달리하지 않으면 아니 됩니다. '무엇이 종교인가?'가 아니라 '사람들은 무엇을 종교라 하는가?'하는 것이 엘리아데의 물음이라고 하는 주장은 바로 이러한 이해에서 말미암은 것입니다.

이렇게 물음이 바뀌면 그 물음이 묻는 사물을 서술하는 범주도 달라지지 않을 수 없습니다. '종교'와 '종교 아닌 것'이라든지 '개개 종교'라든지 하는 것이 '종교를 서술하는 범주'일 수는 없게 됩니다. 삶 자체가 어떻게 구조화되어 있기에 종교라는 독특한 현상이 인간의 삶 안에서 묘사될 수 있는

지를 밝힐 수 있는 '삶 자체에 대한 서술범주'를 새롭게 마련하지 않으면 안 됩니다. '나무를 나무로' 승인하면서도 그것이 '나무이되 나무이지 않다'고 일컬어질 수 있는 경험을 서술할 수 있는 범주가 만들어져야 하는 것입니다. 그런데 앞의 나무를 우리가 늘 겪는 나무, 곧 일상성의 범주에 드는 나무라고 한다면 뒤의 나무는 부닥쳐 지녀지는 독특한 경험에서만 드러나는 나무, 곧 비일상성의 범주에 드는 나무입니다. 엘리아데는 전자를 '속(俗 profane)'의 범주로, 그리고 후자를 '성(聖 sacred)'의 범주로 나눕니다. 인간의 삶이 드러나는 현상을, 그 표상이 어떤 것이든, 그 두 범주로 재구성하고 있는 것입니다.

왜 하필이면 '성과 속'으로 그 새로운 범주를 명명했는가 하는 것은 논의의 여지가 있습니다. 왜냐하면 관행적으로 종교를 거룩한 것으로 여겨온 전통이나 기존의 종교담론이 전승되고 있기 때문입니다.

비록 시대나 지역에 따라 다양한 편차를 보여주고 있음에도 불구하고 성을 '선험적인 실재'로 여기는 태도는 인류의 역사를 통해 뚜렷한 문화로 전승되고 있습니다. 현존하는 개개 종교들의 자기 주장의 논의들을 살펴보면 그러한 사실이 확연하게 드러납니다. 거룩함 또는 거룩한 실재와 직면하는 반응이 종교라고 설명할 수 있을 정도로 성은 분명한 실재로 전제되고 있는 것입니다. 따라서 그것이 인격적인 것이든 그렇지 않은 것이든, 각 종교의 교의적 설명이 그 실재를 어떻게 묘사하든, 근원적으로 종교를 낳는 경험들은 '거룩함과의 조우'라고 개념화할 수 있는 어떤 구조를 내장하고 있다는 인식이 보편화되어 있습니다. 모든 종교들은 그러한 거룩한 실재가 현실 속에서 삶의 주체들과 만나 드러나는 것이라고 설명합니다. 그러므로 성은 참으로 있는 것이고 성이 아닌 것은 실재성을 끝내 확보하지 못한다고 주장합니다. 성만이 인간의 '곤경'에 대한 해답이기 때문입니다.

종교를 '설명'하려는 논의에서도 '성'은 종교를 특징짓는 기본적인 개념으로 전제되곤 하였습니다. 오토(R. Otto)나 뒤르껭(E. Durkheim) 등이 그러합니다. 전자는 합리적인 것과 대칭되는 비합리적인 정감적(情感的) 반응으로서의 의식이 낳은 실재로, 후자는 공동체의 유기적 현존을 위하여 요청되는 보편적 규범을 마련하는 필연적 당위로서의 실재로 '성'을 논의하고 있습니다. 따라서 이 경우, 성과 속은 별개의 실재로 기술되고 있습니다. 속은 삶의 현실 자체이며 성은 속을 완성하기 위해 요청된 또 다른 현실이라고 주장하고 있는 것입니다. 그러므로 성과 속은 대칭적인 긴장을 유지하면서 두 개의 실재로 있습니다.

그러나 엘리아데가 주장하는 '성'의 개념은 다릅니다. 두 가지 점에서 그 다름을 지적할 수 있습니다. 하나는 그의 성은 '본질'이 아니라 '현상'을 지칭하는 것이라는 사실입니다. 그가 일컫는 성은 본질에 대한 탐구가 요청하는 형이상학적인 전제나 귀결도 아니고, 사물의 실재성을 확인하기 위하여 경험적인 탐구가 도달한 어떤 실재도 아닙니다. 삶이 드러난 현상을 살펴보면 온갖 사물들이 자기를 넘어서는 다른 실재가 되어 중첩되기도 하고, 자신이 사라져도 남으리라고 짐작되는 또 다른 자기와 겹쳐 있기도 하다는 것을 적절히 담기 위한 개념인 것입니다.

그렇기 때문에, 이와 아울러 지적할 수 있는 또 다른 하나는 그것이 '서술범주'라는 사실입니다. 현상이 겉으로 드러난 것이라고 한다면 본질은 그 드러난 현상에 의하여 가려져 드러나지 않은 것입니다. 따라서 본질을 탐구하는 자리에서는 언제나 지금 여기에서 내가 만난 것이 '무엇'을 드러내고 있는지를 묻습니다. 그러나 엘리아데는 '그 무엇'을 기술하려 하지 않습니다. 이제까지의 종교담론들은 바로 '그 무엇'을 자명한 것으로 전제하면서 논의를 전개하였습니다. 성을 선험적인 것으로 전제하고 논의하는 본질론이 그러합니다. 그러나 엘리아데가 하고자 한 것은 '무엇을 일컬어 종교라 하는가?'하는 물음의 맥락에서 우선 종교라고 일컬어지는 현상을 묘사하기 위한 서술범주를 마련하는 것이었습니다.

그러므로 엘리아데가 주장하는 성과 속은 '현상'에 대한 '서술범주'입니다. 달리 말하면 그것은 본질을 지칭하고 논의하기 위한 것도 아니고, 그러한 형이상학적 이념을 구체화하는 개념도 아닙니다. 따라서 그가 주장하는 성과 속은 그것을 각기 다른 '존재론적 실재'로 여기는 것이 아닙니다. 당연히 성과 속이 '실재'에 대한 평가적 개념일 수도 없습니다. 성과 속은 하나의 현상을 '있는 그대로' 서술하기 위한 범주, 다시 말하면 종교라고 일컬어진 현상을 인식하려는 과정에서 탐구자가 의도적으로 설정한 방법론적인 범주입니다.

그러므로 엘리아데의 성과 속은 분리되거나 단절되는 것이 아닙니다. 서술적 편의 때문에 그 둘을 나누는 경우도 있습니다. 하지만 그렇다고 해서 그것이 별개의 두 실재인 것은 아닙니다. 그 둘은 실은 인간의 존재양태의 다른 두 측면입니다. 성이든 속이든 그것이 존재양태를 드러내고 있다는 사실은 다르지 않습니다. 하나의 사실을 다른 두 개의 범주를 통하여 기술하고 있는 것이기 때문입니다. 이러한 맥락에서 엘리아데는 성을 스스로 다음과 같이 규정하고 있습니다.

　성에 대하여 우선 내릴 수 있는 정의는 그것이 속의 역 (逆)이라는 것이다.[2]

그의 이러한 진술에 의하면 성은 속을 배제하고는 기술될 수 없습니다. 성 스스로 자기 완결적인 것일 수 없는 것입니다. '속의 역'이라는 묘사를 통해 속과의 관계가 기술되는 한에서 비로소 성은 성으로서의 개념적 실재가 됩니다. 속도 다르지 않습니다. 그것은 성과 더불어 비로소 기술될 수 있는 것입니다. 성만으로 있는 성도 없고, 속만으로 있는 속도 없습니다. 성과 속이 같다는 것이 아니라 역의 관계를 이루며 하나의 사물에서 하나로 있나는 것을 언급하려는 것입니다. 바로 이러한 맥락에서 엘리아데는 앞에서 언급한 바와 같이 성과 속을 이 세상 안에 있는 '존재의 두 양태', 역사를 살아가는 인간에 의하여 상정(想定)된 '두 개의 실존적 정황'이라고 말하고 있습니다. 속이 없으면 성도 없고, 성이 없으면 속도 기술될 수 없는 것입니다.

그러므로 엘리아데가 탐구하려는 것은 성이 아닙니다. 그렇다고 해서 속을 탐색하려는 것도 아닙니다. 그가 분명하게 밝히고자 하는 것은 드러난 현상을 속에 반(反)하는 성으로 그릴 수도 있고 여전한 속으로도 그릴 수 있는 인간의 경험, 더 구체적으로 지적한다면, 종교라는 현상을 드러나게 한 삶의 구조 또는 경험의 구조 자체입니다. 되풀이해서 말한다면 성으로 드러난 현상과 속으로 머무는 현상을 아우르는 '총체적인 삶의 현상에 대한 인식'을 통하여 종교라고 일컬어진 삶을 풀이하고자 하는 것입니다. 바로 이러한 이유 때문에 그는 자신이 탐구하고자 하는 과제는 성과 속 '사이'에 있는 '역(逆)'을 예증하고 규정하는 것이라고 말합니다.

이를 좀더 부연해봅시다. 현상이란 무엇이 드러난 것입니다. 그러므로 그것은 '드러남'을 전제합니다. 그런데 드러남은 하나의 과정입니다. 그러므로 드러나게 하는 '무엇(1)'과 드러난 '무엇(2)'이 그 과정의 앞뒤에 마련되지 않으면 드러남은 있을 수 없습니다. 당연히 (2)는 (1)이 없으면 없습니다. 하지만 그렇다고 해서 (2)가 (1)에 예속되어 있는 것은 아닙니다. 논리적으로는 그러한 기술이 불가능하지 않습니다. 그러나 실제 삶 속에서는 '드러남'의 과정, 다시 말하면 (1)이 경험되는 과정은 (1)을 (1)이게 하지 않습니다. 그 과정을 겪은 (1)은 이미 (2)로 현존합니다. 하나의 사물이 스스로 자기(1)이면서 자기가 아닌 '다름'(2)을 낳는 것입니다. 따라서 그 둘은 하나이지만 둘입니다. 하지만 다시 되돌아 살펴보면 그 둘은 둘이지만 하나입니다. 그 하나가 삶의 경험 또는 인간의 실존입니다. 그러나 하나로 있지는 않습니다. 적어도 서술의 편의를 위해서라도 둘로 단절시켜 살펴야 비로소 전체 그림이 보일 만큼 그 둘은 '역의 구조'를 이루면서 하나로 있는 것입니다.

따라서 성과 속은 '상반하는 것의 공존'이라고 말할 수 있습니다. 그렇지만 그러한 현상은 이상한 것도, 혼란스러운 것도, 인식의 한계가 직면한 모순도 아닙니다. '서로 어긋난 것이 하나가 되어 있는 현상'을 견디지 못하는 것은 이른바 '논리적 일관성을 잣대로 한 경우'뿐입니다. 합리적 지성의 논리 안에서만 가능한 현실입니다. 삶의 실재 안에서는 오히려 상반하는 것들이 서로 함께 있으면서도 상대방을 소멸시키지 않습니다. 역을 이루는 그 둘이 더불어 하나의 실재를 이룹니다. 그것이 우리가 겪는 직접적인 삶의 현실입니다. 그런데 사람들은 그렇다고 하는 것을 알고 있으면서도 서술의 차원에서는 서술 자체를 완성하기 위하여 이러한 사실을 간과하거나 부정하고 있습니다. 그렇다면 실존은 그것 자체가 '역의 합일(coincidentia oppositorum)'입니다. 엘리아데는 성과 속의 현실성을 이렇게 서술합니다. 삶은 홑겹이 아니라 두 겹인 것입니다. 성과 속을 두 개의 다른 실재인 양 서술의 편의를 위해 기술할 수밖에 없지만 그 둘이 결국 현상을 묘사하는 서술범주라는 것을 밝히면서 마침내 역의 합일이라는 구조 안에 그 둘을 되담는 일련의 과정을 그는 '성과 속의 변증법'이라고 명명합니다. '성은 속의 역'이라는 그의 주장은 이에 이르러 완성됩니다.

성현(聖顯)—존재의 드러남

　그런데 성과 속이 실재를 지칭하는 개념이 아니라 어떤 삶의 경험이 그러한 현상으로 드러난 것을 묘사하는 서술범주라면 그 범주를 통해 묘사되는 현상을 지적하기 위한 또 다른 언어가 요청됩니다. 그런데 속은 이미 있어 실은 삶의 일상성을 이루고 있습니다. 그렇기 때문에 그것은 (1)로 기능합니다. 따라서 속은 그대로 속으로 지칭되어도 무관합니다. 그런데 (2)는 이미 있는 것이 아니라 (1)로부터 비롯하면서도 그것과 '다른 것' 또는 '반대'가 되는 것입니다. 그러므로 그 '역'은 새삼 명명되지 않으면 안 됩니다. 엘리아데는 이를 위하여 '히에로파니(hierophany, 성의 드러남)'라는 용어를 선택합니다. 그가 직접적으로 인식의 객체로 삼고 있는 것은 (1)이 아니라 (2), 곧 '성현(聖顯)'입니다.

　그러나 그렇다고 해서 특정한 사물들만이 성현으로 자기를 확인하면서 성현자체를 전유(專有)하고 있는 것은 아닙니다. 경험주체가 일상과 만나면서 겪는 특정한 사물이 '실재'이게 될 때, 또는 간과할 수 없는 '의미의 담지자'가 될 때, 그때 그 사물은 일상과 다른 것, 일상과 반(反)하는 것, 곧 성현으로 인식되고 수용됩니다. 그러므로 동일한 사물이라 할지라도 어느 경우에는 성현으로 간주되고 수용되지만 어떤 경우에는 아무런 의미도 없는 속의 현상일 뿐입니다. 그러므로 성현의 구체성은 경험주체의 겪음과 분리해서는 이루어질 수 없습니다. 바로 그러한 한에서 성현은 구체적이고 직접적이며 종국적으로 역사적 실재입니다. 그런데 성현에 대한 이러한 진술은 이에 대한 또 다른 서술을 가능하게 합니다. 모든 사물은 그것이 어떤 것이든 성현이 '될 수 있다'고 하는 사실이 그것입니다. 그는 다음과 같이 말하고 있습니다.

> 인간이 다루었고, 느꼈고, 접촉했고, 사랑한 어떤 것도
> 모두 성현이 될 수 있다.[3]

이 같은 그의 언급은 모든 존재하는 것, 다시 말하면 속은 그 속스러움 때문에 성을 드러낼 가능성을 지니고 있는 것이라고 하는 것과 다르지 않습니다. 그러니까 삶 자체가 성현일 수 있음을 뜻하는 것입니다. 엘리아데는 이를 '성현은 곧 존재의 드러남(ontophany)'이라고 바꾸어 말합니다. 존재하는 모든 것이 스스로 존재하고 있다는 것을 드러내는 것, 그것이 성현이라고 설명하고 있는 것입니다.

물론 가능성과 현실성은 같지 않습니다. 모든 것이 성으로 드러날 수 있지만 모든 것이 성을 드러내지는 않습니다. 사물을 만났지만 스쳐 지나가면 그것은 성현이 되지 않습니

다. 그것은 속으로, 일상으로, 머물 뿐입니다. 어떤 사물은 자신을 성으로 드러내지 않습니다. 삶 주체가 삶 자체에 무관심할 경우가 그렇습니다. 그가 만난 사물은 실재일 수 없습니다. 그러한 경우, 성현은 있을 수 없는 현상이고 맙니다. 그렇다고 해서 성일 수 있는 잠재적 가능성이 완전히 소멸되거나 근원적으로 없어지는 것은 아닙니다. 인간은 일상 안에서 살아갑니다. 그러한 의미에서 우리가 경험하는 것은 일차적으로 속으로 범주화할 수 있습니다. 그러나 만약 일상을 겪는 태도와 '다른' 태도로 사물을 만나면 그것은 '다른' 실재가 '됩니다.' 그런데 삶은 일상을 일상 그대로 만나지 않습니다. 우리는 일상을 자신에게 의미 있는 어떤 것으로 만들며 살아갑니다. 그것이 우리가 겪는 실제 삶입니다. 이러한 현상을 지적하면서 엘리아데는 그렇게 만난 사물은 '스스로 자신을 성으로 드러낸다'고 말합니다. 그러므로 성현은, 다시 말하지만, 우리가 삶 속에서 만나는 직접적인 실재입니다.

하지만 성과 성현에 대한 이러한 진술은 매우 혼란스러운 반응을 야기하기도 합니다. 비록 분명히 실재하는 것이라 할지라도 결국 성현은 의식의 현상에 불과하기 때문에 그것의 실재성을 운위하는 것은 실은 모호한 설명이라고 여겨지기 때문입니다. 그런데 이에 대한 엘리아데의 입장은 분명합니다. 어떤 사물이 하나의 실존 주체에게 의미를 지닌 실재로, 곧 성으로 드러난 것인 한 그것은 실재이고, 거기 그것이 있어 그렇게 경험되는 것인 한 그것은 의식의 현상이라고 진술하고 있기 때문입니다. 속에 대한 진술도 다르지 않습니다. 하나의 실재로 경험되지 않는 사물이 있고 그렇다는 것을 우리가 의식한다면 바로 그 사물과 그 의식이 빚는 현상이 곧 속이기 때문입니다.

따라서 엘리아데가 주장하는 것은 성현이 '경험적 실재(empirical reality)'라는 사실입니다. 그것은 선험적인 것이 아닙니다. 성현은 비록 그것이 '거룩한 것의 드러남'이라는 말뜻을 지니지만 전통적인 크리스트교의 교의가 함축하고 있는 '계시' 같은 것은 아닙니다. 계시는 경험주체의 의식여부와 상관없이 실재하는 것으로부터 비롯합니다. 하지만 성현은 '경험의 객체'가 아니라 '경험의 내용'이라고 묘사해야 할 그러한 것입니다. '경험해야 할 것'이 아니라 '경험해서 있는 것'입니다. 성현은 신학적인 개념이 아닙니다.

이러한 성현의 개념을 통하여 엘리아데는 종교를 탐구하려는 자신의 물음이 기존의 전통적인 물음과 다른 두 가지 기점을 확보합니다. 특정 종교가 자신을 설명하는 논리는 전혀 인류의 종교경험을 설명할 수 없다는 사실이 그 하나입니다. '종교'가 아니라 '종교들'이 현존하는 문화-역사적 현실을 설명할 수 있는 기점은 성현의 다양성을 승인하는 자리여야 하며, 그것은 모든 사물의 성현 가능성에서 비롯하는 것이라는 것을 인식해야 하는 자리이기도 하다는 것을 주장하고 있는 것입니다. 따라서 또 다른 하나로 지적할 수 있는 기점은, 종교라는 용어를 사용한다면, 인간은 근원적으로 종교적일 수 있는 존재, 곧 '종교적 인간(homo religiosus)'이라는 인간 이해입니다. 물론 이러한 인간관은 특정한 종교나 개개종교와 연계된 인식이 아닙니다. 그러한 종교를 낳게 한 근원적인 인간상을 일컫는 것입니다.

그러므로 엘리아데의 경우, 비종교인이란 실제로 현존하지 않습니다. 비종교인이나 비종교문화라고 묘사되는 현상이 있다 할지라도 그것은 피상적인 관찰언어일 뿐입니다. 그러한 정황 안에서 살아가는 사람들조차 실은 그 나름의 '종교적'인 삶을 살아갑니다. '은폐된 성'이나 '가려진 성'을 살고 있는 것이 그들 삶의 실상이라고 보는 것입니다. 따라서 이제 우리가 유념해야 할 것은 이러한 접근을 통해 드러나는 속의 현존양식(現存樣式)입니다. 속은 성을 드러내주는 바탕이기도 하면서 동시에 성을 은폐하는 가림막이기도 하기 때문입니다.

종교를 논의하기 위해 전개한 엘리아데의 이러한 서술범주의 갱신은 구체적으로 종교문화의 현상을 기술하는 과제와 이어집니다. 성현의 구조와 역사를 서술하는 과제를 안게 되는 것입니다.

현상의 기술 – 상징·상상력·역사

상징체계

앞장에서 서술한 바와 같이 성현은 '성이 드러난 것'입니다. 그러므로 성현은 언제, 어디에 있는, 무엇이라고 서술할 수 있는 사물입니다. 예를 들어 하늘·시간·사람·나무·고통 등 온갖 삶의 모습을 묘사하는 일이 성현을 그리는 일과 단절되어 있지 않습니다. 물론 어떤 사물을 성현으로 여기는 사람에게는 그것이 분명히 '다른 실재'입니다. 이를테면 그러한 사람에게 하늘은 그저 '하늘'이 아니라 '거룩한 하늘'입니다. 하늘이 '다른 하늘'이 되는 것입니다. 하지만 '다른 하늘'

도 '하늘'입니다. 그러므로 종교현상을 기술한다 해서 비일 상적이고 초자연적인 어떤 것을 묘사하는 것은 아닙니다. 그 일은 소박한 삶의 현실을 묘사하는 일과 다르지 않습니다.

그런데 어떤 사물이 성현으로 일컬어지는 것이 삶의 주체가 그 사물을 그렇게 경험했기 때문이라면 그러한 경험을 하지 않은 사람에게 '거룩한 하늘'을 말하는 것은 적절하지 않을 수도 있습니다. 그들에게는 성현에 대한 논의가 무의미할 것이기 때문입니다. 하지만 반드시 그렇지는 않습니다. 종교라고 일컫는 현상은 인류의 삶 속에 있는 보편적인 현상입니다. '종교에 자기를 귀속시키는 일'이 개별적인 실존의 자리에서는 일어날 수도 있고 일어나지 않을 수도 있지만 그렇다는 사실에 근거하여 종교에 대한 담론을 종교인에게만 의미 있는 것으로 한정할 수는 없는 일입니다. 왜냐하면 종교인이기전에 또는 비종교인이기 전에, 인간은 어떤 사물을 성현으로 여길 수도 있고 그렇지 않을 수도 있는 잠재적 가능성을 지니고 있기 때문입니다.

그런데 성현에 대한 엘리아데의 이러한 개념규정은 상당히 혼란스러운 이해를 낳을 수도 있습니다. 만약 특정한 사물이 고정적으로 성현으로 지속되어 누구에게나 그렇게 인지되는 것이라면 문제는 없습니다. 하지만 동일한 사물인데도 어느 누구에게는 경외의 태도를 가지게 하는 절대적인 실재인데 반하여 어떤 사람에게는 스쳐지나가도 좋은 일상적인 사물일 뿐인 것이 성현입니다. 그러므로 예를 들어 '하늘'을 '다른 하늘', 곧 '거룩한 하늘'로 경험하지 못한 사람에게는 성현이란 용어자체가 소통 불가능한 것이 될 수밖에 없습니다. 따라서 성현이라는 개념은, 비록 그것이 종교에 대한 기존의 서술범주를 근원적으로 부정하고 형성한 새로운 서술범주로부터 비롯한 것이라 할지라도, 불가피하게 종교담론의 사리에서 한계를 지닐 수밖에 없습니다.

그렇다면 이 계기에서 직면하는 과제는 하나의 사물이 그 사물 자체에 한정되지 않은 어떤 '의미의 실체'일 수 있다는 사실이 삶의 보편적인 경험 내용이라는 것을 주장함으로써 성현이 실재이게 되는 현상이 특정한 경험주체에게 한정된 것이 아니라 모든 인류의 경험에 구조적으로 내장되어 있다는 것을 실증적으로 진술하는 일입니다. 이를 위해 엘리아데는 이미 사용한 성과 성현의 개념들을 거치면서 '상징'이라는 용어를 새롭게 선택하고 있습니다.

그가 사용하는 '상징'이라는 개념은 비교적 투명합니다. 그는 상징(symbol)을 기호(sign)와 구분합니다. 기호가 된 사물은 특정한 의미만을 지닙니다. 따라서 기호는 단일한 의미만을 경험주체들에게 전달합니다. 교통 신호등에서 붉은 색은 정지 이외의 다른 의미를 전달하지 않습니다. 그러나 상징인 사물은 지니고 있는 의미가 하나이지 않습니다. 붉은 색이 상징인 경우, 그것은 권위나 정열이나 사랑이나 처참함 등을 아울러 뜻합니다. 우리는 흔히 사물의 단일한 의미만을 정확한 지식으로 '학습'합니다. 하지만 실제로는 오히려 의미가 중첩된 사물을 '겪'습니다. 그런가 하면 하나의 사물에서 여러 의미를 선택적으로 취할 수도 있습니다. 따라서 그러한 사물은 '의미들의 더미'와 다르지 않습니다. 그러한 의미들을 모두 지닌 채 그 사물은 스스로 존재의미를 지닙니다. 우리는 그러한 다양한 의미들을 통해 그 사물의 현존을 승인합니다.

사물에 대한 우리의 경험은 이러합니다. 기호적 사물은 실은 비현실적인 사물인식의 산물이기도 합니다. 왜냐하면 그것은 경험을 의도적으로 어떤 틀에 맞추어 다듬는 과정을 통해서 이루어지기 때문입니다. 그러나 어떤 것이든 무릇 사물은 그것을 경험하는 삶의 주체가 자기 나름의 실존적 맥락에서 그것을 의미 있는 것으로 승인할 때 비로소 그에게 현존하는 사물이 됩니다. 그러므로 사물이 기호인 경우에는 그것이 드러내는 단일한 의미에 순응하는 것이 그 사물과의 삶이지만 사물이 상징인 경우에는 그것이 드러내는 다양한 의미를 끊임없이 '풀이'하는 것이 그 사물과의 삶이라 할 수 있습니다. 그러므로 상징은 '해석 의존적'입니다. 엘리아데는 성현을 이러한 상징의 개념과 연계하여 설명합니다. 성현도 상징의 범주에 속하는 것으로 여기는 것입니다. 그런데 상징은 구체적인 사물들, 곧 '역사적 실재'입니다. 그러므로 성현을 상징과 연계하여 설명하는 것은 아무리 성현이 '다름'을 경험하게 한다할지라도 그것은 삶의 현실 속에 있는 인간의 경험이 드러난 모습임을 강조하는 것이나 다름없습니다. 엘리아데가 '종교를 상징'이라고 말하기보다 '상징을 종교적인 것'이라고 말하는 것은 그의 이러한 이해를 드러내 줍니다. 이 때 비로소 '성현을 경험하는 일'이 누구에게나 '알 수 있는' 현상이 됩니다.

엘리아데가 종교현상을 서술하면서 성현 대신 상징을 선택하는 데에는 또 다른 이유가 있습니다. 기호는 의도적으로 그 의미를 바꿀 수 있습니다. 그러나 상징은 상이하고 중첩된 복합적인 의미를 선택적으로 경험할 수 있도록 하거나 총체적으로 수용할 수 있도록 하기는 하지만 기호와 같이 의도적으로 '조작'되지는 않습니다. 어떤 사물에 특정한 의미를 '부여'할 수는 있습니다. 하지만 그 의미가 사물과 근원적으로 조화롭지 않으면 그 사물은 그렇게 자의적으로 해석된 의미를 지탱하지 못합니다. 상징조작이 불가능하지는 않지만 조작된 상징이 기호일 수밖에 없는 것은 이 때문입니다.

엘리아데는 상징과 관련하여 다음과 같은 사실들을 더 서술합니다. 비록 어떤 사물이 우리들에게 다양한 의미를 겪게 한다 할지라도 또는 다양한 의미를 지닌 것으로 그 사물이 해석된다 하더라도, 그 의미들은 그 사물의 실제성(實際性)에 근거한 일정한 연계망(連繫網) 안에서 이루어진다고 그는 말합니다. 예를 들어 '물의 상징'은 잠재적 가능성·근원성·형상 이전·창조적 힘의 원천·생명의 근원·풍요·치유·정화(淨化)·소멸·재생 등을 표상화(表象化)한다고 말합니다. 그런데 이러한 '물의 상징'은 예를 들어 '돌의 상징'과 직접적으로 만나지 않습니다. 돌 또는 바위는 힘·권위·절대불변·물질·형상 등을 표상화하기 때문입니다. '물'과 '돌'이 제각기 지니고 있는 커다란 울을 우리는 상정할 수 있는 것입니다.

그렇다면 상징이 경험주체에 의하여 '자유롭게' 해석된다 할지라도 그 해석은 일정한 한계를 지닌다고 할 수 있습니다. 다시 말하면 상징은 그 나름의 일정한 체계(system)를 지니고 있는 것입니다. 따라서 상징은 '의미의 구조적 연대(連帶)'를 지니고 있는 것과 다르지 않습니다. 이를 엘리아데는 '상징체계(symbol system)'라고 말합니다.

창조적 상상력

그런데 이러한 사실은 상징에 대한 또 다른 언급을 하도록 합니다. 상징이란 직접적인 지각의 차원에서는 인지 불가능한 것을 알 수 있게 한다는 사실이 그것입니다. 예를 들면 물의 상징에서 우리는 지극히 역설적이고 갈등적인 의미가 동시에 드러나고 있음을 확인한 바 있습니다. 물이 생명을 낳는 것이면서 동시에 생명을 소멸해 버리는 것이라는 사실이 그것입니다. 그런데 물을 '직접적으로 경험하는 삶'의 정황에서는 물을 생명의 출현과 소멸을 '하나'로 통합한 총체로 인식하지 않습니다. 그것은 역설이고 모순이기 때문입니다.

그럼에도 불구하고 물을 '상징'으로 여기는 경우에, 물의 양가적(兩價的)이고 상반하는 의미를 우리는 물 자체를 통해 그대로 수용합니다. 그렇다면 이러한 사실은 상징이란 '이해 의존적'인 것이 아니라는 것을 뜻합니다. 다시 말하면 우리가 어떤 사물들을 직면하고, 그것이 자신을 넘어서는 어떤 의미를 지니고 있다는 것을 합리적으로 추론하고, 그 결과를 인식의 논리로 다듬어 비로소 상징이라는 것을 기술하고 풀게 되는 그러한 것이 아니라는 것을 뜻합니다. 상징은 그러한 인식과정 안에는 들어오지 않습니다. 그렇게 인식의 산물일 수 있는 것은 이미 상징이 아닙니다.

그러므로 직접적인 인식의 차원에서는 이질적인 것으로 판단되는 것들인데 그것들이 한데 모여 하나의 구조를 형성하면서 세계의 실상, 그 총체성을 드러내 주는 것이 상징이라고 할 수 있습니다. 바꾸어 말하면 상징 또는 상징체계는 달리 어떻게도 드러낼 수 없는 궁극적 실재의 구조 또는 역설적 정황을 '하나'로 드러내 주는 것입니다. 역설이나 갈등으로 서술될 수밖에 없는 삶을 인식의 논리를 통해 해체하여 그렇지 않게 하는 것이 아니라 그 역설과 갈등을 포함하는 전체적인 '구조'의 수용을 통하여 그러한 현실을 넘어서게 하는 것이 상징이라고 엘리아데는 주장하고 있는 것입니다.

따라서 그의 주장을 따른다면 상징은 인식의 객체가 된 사물을 지칭하는 것이 아니라 인간의 '실존이 직면하는 현실이나 정황'을 일컫는다고 해야 옳습니다. 바꾸어 말하면 상징은 실존적인 차원 및 실존적인 가치와 필연적으로 이어져 있기 때문입니다. 그러므로 상징은 그것 자체가 이미 '실존적인 것'입니다. 그런데 실존은 이성에 의해서 인식 가능한 것으로 해체되지 않습니다. 자연으로서의 물은 그것을 물이라고 실증할 수 있습니다. 그러나 그 실증이 '물을 물이게 하는 것'은 아닙니다. 그 물이 물이라고 실증하는 일을 그만 둘 때 비로소 그 물은 상징으로서의 물이 됩니다. 그런데 상징으로서의 물의 의미는 '실증 불가능'합니다. 다만 그렇게 경험되고, 그 경험이 그러하다는 것을 내 실존의 자리에서 일컬을 수 있을 뿐입니다. 그렇다면 상징은 개념화되는 것이 아닙니다. 그것은 개념이 짓는 울을 벗어나는, 그러니까 개념 자체에 저항한다고 해도 좋을 '자유로움'을 의도합니다. 따라서 상징은 '이성-의존적'인 것이 아니라 '상상-의존적'인 것입니다. 그래서 엘리아데는 상징이란 인간의 심성(psyche)이 빚은 것이라고 말합니다.

예를 들어봅시다. 엘리아데는 언제 어디서나 인간의 삶 속에는 '중심'이라고 일컬어지는 '어떤 것'이 있음을 다양한 문화-역사적 자료들을 통해 확인합니다. 그러한 현상은 인간이란 '중심'을 경험하는 존재라고 해도 좋을 만큼 보편적입니다. 중요한 것은 인간의 실존적 경험이 '중심'의 현존을 불가피하게 요청한다는 사실입니다. 떠난 자리 또는 되돌아올 자리의 확인은 방향의 상실로 묘사되는 실존의 불안을 넘어서는 그루터기이기 때문입니다. 그래서 누구나, 어느 문화나, 어느 시대에서나, 사람들은 중심을 찾아내거나 지어냅니다. 그런데 중심은 산·돌·나무·광장·건물·금을 그어 만든 공간 등 수없이 다양하게 드러납니다. 그러한 산이나 돌은 여느 것이 아닌 '다른 산이나 돌', 곧 '의미의 실체'가 됩니다. 그리고 그러한 것을 확인하는 경험은 인간으로 하여금 '중심에 있다'는 자의식을 가지게 합니다. 방향감각의 상실 때문에 겪는 방황을 멈추게 하는 것입니다. 인류의 문화-역사를 살펴보면 자신의 실존에 대한 의미를 확인하는 경험들은 한결같이 자신이 '중심'에 자리 잡고 있음을 천명하는 의례나 이야기에 바탕을 두고 있다는 사실이 이를 보여줍니다. 결과적으로 세상에는 '무수한 중심'이 산재해 있습니다. 인간은 제각기 자기가 필요한 중심을 빚기 때문입니다. 그렇다면 이러한 사실을 좇아 상징이란 인간의 상상력이 낳은 하나의 이미지(image)라고 할 수 있습니다. 이를 엘리아데는 다음과 같이 이야기하고 있습니다.

'상상력을 지닌다'는 것은 내적인 삶의 풍요로움, 그리고 이미지들이 아무런 방해도 받지 않고 자발적으로 넘쳐흐르는 것을 즐긴다는 것이다.[4]

엘리아데는 상징을 이야기하면서 상징보다는 그것을 낳는 인간의 의식에 더 관심을 갖습니다. 사물의 실재는 의식의 작용과 그것이 어떻게 이어지고 있는가 하는 것을 간과하고서는 어떤 서술도 불가능하다고 판단하고 있는 것입니다. 왜냐하면 '있는 것'과 '있다고 하는 것을 의식하는 것'과 '있는 것을 수용하는 것'과 '있음의 의미를 진술하는 일'은 반드시 논리적 일관성을 가진 법칙적인 것은 아니기 때문입니다. 무수한 이미지들이 자발적으로 넘쳐나도록 하는 상상력을 운위하지 않고는 '실재와의 만남'을 서술할 수 없는 것입니다. 따라서 '실재는 상상력의 자발적인 분출과의 만남에 의해서 기술되는 것'이라고 하는 진술만이 우리의 경험을 담을 수 있는 것이라고 그는 여기고 있는 것입니다.

그러나 이러한 주장은 또 다른 문제를 수반합니다. 그는 위 서술에 이어 다음과 같이 말합니다.

그러나 이 때 자발적이란 것이 자의적인 날조(捏造)를 뜻하는 것은 아니다. ……상상력은 범례가 되는 전형—상(Image)—을 재생산하고, 끊임없이 그것을 재현하고 반복한다. 상상력을 지닌다는 것은 세계를 총체적으로 볼 수 있세 된다고 하는 것이다. 상(Image)의 힘과 소명은 개념이 다룰 수 없는 모든 잔여(殘餘)를 '보여주는' 것이기 때문이다.[5]

주목할 것은 엘리아데가 위의 서술에서 이미지를 대문자로 표기하고 있다는 사실입니다. 상상력이 도달하고, 또 그것이 낳는 것은 여느 실재가 아닙니다. 그것은 범례(範例)가 되는 상(像)입니다. 상상력의 자유로운 분출이 자의적인 날조가 아니라는 사실은 매우 조심스러운 진술입니다. 직접적인 지각에서는 만날 수 없는 실재의 '어떤 근원적인 얼개'를 전제하고 있다는 것을 함축하고 있기 때문입니다.

그러나 그가 상(Image)을 전제하는 일이 반드시 '절대적인 어떤 것'이 '규범적으로 있음'을 의미하는 것은 아닌 듯 합니다. 그 '상'이 인간의 '의식이 빚은 상'을 뜻하는 한 그것이 절대적이고 보편적인 특정한 사물을 지칭하는 것일 수는 없기 때문입니다. 그러므로 그가 이미지(Image)라고 한 것은 상상에 의하여 실재화하는 어떤 것, 개념화할 수 없는 어떤 것, 연역이든 귀납이든 인간의 이성적 성찰이 담을 수 없는 어떤 것, 다만 '발견'하거나 '지어낼 수' 있는 어떤 것, 삶의 원형(archetype)이라고 일컬을 수 있는 어떤 것, '범례가 되는 전형(primordial model)'으로 자기를 구체화하는 어떤 것 등을 지칭하는 것이라고 할 수 있습니다. 그리고 그것은 시간과 공간의 제약으로부터 자유로운 것이지만 삶의 현실로부터 끊임없이 요청되는 역사적 실재라는 것도 아울러 함축하고 있는 것이기도 합니다. 그러므로 실재와 만나 상상력을 통하여 그것을 상징으로 읽으면서 그로부터 비롯하는 상과 원형과 전형을 끊임없이 삶 속에서 재연하는 것이 실존의 모습임을 그는 주장하고 있는 것입니다.

그런데 이에 이르면서 엘리아데는 더 나아가 상징은 인간의 창조성, 곧 그의 상상력의 창조적 기능을 '반영'하는 것이기도 하다고 말합니다. 사물을 상징화한다는 것, 존재의 기원(起源, origin)을 일컫는다는 것, 삶을 위한 규범적 전범(典範)이 있다고 믿는다는 것, 그것을 재연하고 반복하는 것을 삶다움으로 여긴다는 것 등은 인간이 자신의 실존적 궁경(窮境)을 견디기 위하여 자신의 '창조적 상상력'을 통해 '있게 한 것'이라고 그는 말하고 있는 것입니다. 따라서 성의 서술범주를 설정하고, 성현의 실재성을 확인하고, 그것이 일상적인 경험내용이라는 사실을 상징을 통해 서술하는 그의 일련의 논의 전개는 마침내 종교를 인간의 상상력, 그의 창조성과 연계하는데서 그 정점에 이릅니다.

역사에 대한 저항

그러나 그렇다고 해서 그가 종교적인 것이라고 일컬어지는 일련의 문화적 실재가 다만 인간의 심성이 자신의 희구(希求)를 투사해서 얻은 환상에 불과하다는 주장을 하는 것은 아닙니다. 만약 우리가 이제까지 언급한 성·성현·상징·상징체계·원형·이미지·전범·기원 등의 개념을 유념하면서 엘리아데의 다음과 같은 언급을 경청한다면 우리는 그가 종교라고 일컬어진 실재를 '투사된 환영(幻影)'으로 여기고 있다는 오해를 하지는 않으리라 판단됩니다. 그는 다음과 같이 말하고 있습니다.

요컨대, '성'은 의식의 구조 안에 있는 한 요소이지 의식의 역사 속에 있는 한 단계는 아니다. 의미 있는 세계란—인간은 '혼돈' 속에서 살 수 없다—성의 드러남이라고 불려질 수 있는 것의 변증법적 과정이 빚은 결과이다. 인간의 삶은 초자연적 존재에 의하여 드러난 범례가 되는 전형을 모방함으로써 의미 있게 된다. 초인간적인 전형의 모방은 '종교적인 삶'의 원초적 특성들 중의 하나, 곧 문화나 시대와 무관한 구조적 특성을 구성한다.[6]

위의 언급은 '초자연적 혹은 초인간적 존재'가 실재한다는 것을 본질론적인 입장에서 전제하고 있는 것으로 들리기도 합니다. 인류의 문화사를 통하여 신의 존재를 전제한 수많은 기술들과 만난다는 사실을 감안한다면 엘리아데의 언급은 그가 그러한 사실을 당연하고 규범적인 것으로 받아들이고 있음을 보여주는 것으로 간주될 수도 있습니다. 그러나 이러한 언급이 그가 '성은 선험적인 본질이 아니라'고 주장한 것과 모순되는 것은 아닙니다. 앞의 언급은 실은 다음과 같은 서술 뒤에 이어진 것이기 때문입니다.

사실상, 무엇으로도 환원될 수 없는 어떤 현실적으로 참된 실재적인 것(real)이 이 세상에 존재한다는 신념이 없이도 인간의 정신이 참으로 기능할 수 있으리라고는 상상하기 어렵다. 그리고 인간의 충동과 경험에 의미(meaning)를 부여하지 않고도 참으로 의식이 비롯될 수 있으리라고 상상하는 것도 불가능하다. 참된 실재이고 의미 있는 세계에 대한 지각은 성을 발견하는 일과 밀접하게 연관되어 있는 것이다. 성을 경험하면서 인간의 정신은 참된 실재이고, 강력하고, 풍요로우며, 의미 있는 것으로 자기를 드러내는 사물과 그렇지 않은 것―즉, 혼돈스럽고 위험한 사물의 흐름, 그러한 사물들의 우연하고 무의미한 출현과 사라짐―과의 다름을 파악했다.[7]

인용의 순서를 바꾼 것은 문제를 명료하게 하기 위한 의도적인 작업이었습니다. 문제는 종교가 우리가 상식적으로 이해하듯이 '초월적인 실재'가 아니라는 사실입니다. 종교는 인간의 삶 속에 있는 현상입니다. 그것은 일상적인 문화현상과 다르지 않습니다. 인간이 없었다면, 그의 창조적 상상력이 없었다면, 종교는 없습니다. 따라서 사물을 만나 성의 출현을 경험하고, 이를 상징이라는 개념을 통해 인지 가능한 현실의 지평으로 떠올리게 하는 것은 초자연적 또는 초인간적 실재의 선험적 실재성으로부터 비롯하는 것이 아닙니다. 인간의 경험이 그러한 실재성을 요청할 뿐만 아니라 그렇게 삶을 경험하지 않고는 살아갈 수 없다는 사실로부터 비롯하는 것입니다. 다만 그러한 사실의 역사적 진술이 초자연적 또는 초인간적 실재의 선험적 실재성을 기술할 수밖에 없도록 했을 뿐입니다. 엘리아데가 『종교이념의 역사』를 집필하면서 서문에서 자신의 '역사서술 원칙'을 밝히고 있는 다음과 같은 언급에서 우리는 그의 주장을 더 잘 이해할 수 있게 됩니다. 우선 그는 연대기를 따라 성이 어떻게 드러나고 있는지를 이 책을 통해 분석했다고 하면서 이어 이렇게 말합니다.

> 또 다른 하나는—문헌자료들이 가능하게 해주는 한—여러 서로 다른 전통들 안에 있는 위기들을 철저하게 강조하였다는 사실이다. 곧 창조적인 계기들을 강조하였다. 요컨대 종교적인 이념과 신념의 역사에 기여한 가장 중요한 것들을 천명하고자 한 것이다.[8]

종교의 역사를 구성하고 있는 것은 선험적 실재로서의 초월이 아니라 초월을 요청한 창조적 심성이기 때문에 그것이 종교사를 어떻게 진전시키고 있는가 하는 것을 주목하겠다고 그는 말하고 있는 것입니다. 엘리아데에 의하면 다시 말하지만 중요한 것은 인간의 상상력입니다. 인간은 자기의 실존적 정황 속에서 사태가 긴박할수록 또는 무의미에 노출될수록, 직면하는 사물을 의미의 실재로 여기지 않으면 안 됩니다. 그것을 가능하게 하는 것이 인간의 상상력, 곧 창조적 상상입니다. 그런데 그것은 마구 발휘되지 않습니다. 일정한 '의미의 연계' 안에서 사물을 의미의 실재이게 합니다. 상징체계의 서술은 그래서 가능합니다.

그런데 상징은 언제나 역사적 순간에 자신을 그 역사적 조건에 상응하는 실재로 드러냅니다. 그러나 그렇다고 해서 그것이 역사에 의하여 빚어지는 것은 아닙니다. 역사적으로 표상화되지만 그것이 드러내는 의미는 역사에 유폐되지 않습니다. 그 때 그것은 이미지로, 기원으로, 원형으로, 전형으로 있게 됩니다. 그렇다면 상징을 가능하게 한 또는 상징을 통해 드러나는, 이미지나 원형이나 전범이 되는 것은 탈시간적인 '구조'라고 할 수 있는데 반하여 역사적 실재로서 기술되는 상징의 실재는 그 구조의 시간적 '표상'이라고 할 수 있습니다. 따라서 역사를 기술한다는 것은 단순히 사건의 연속을 기술하는 것으로는 부족합니다. 그 사건을 사건이도록 한, 그래서 경험주체가 실존적으로 직면하여 실재하는 것으로 수용한, 일련의 '구조와 표상'을 아울러 기술하지 않으면 안 됩니다. 구조는 자신을 드러내기 위해 역사에 자신을 위탁해야 하지만 그렇다고 해서 역사가 구조의 출현을 제약할 수는 없는 것입니다.

그러므로 종교사의 서술은 '탈시간적 구조의 시간적 표상'과 '시간적 표상의 탈시간적 구조'를 아우르지 않으면 안 됩니다. 그렇게 하지 못할 때 이른바 '역사적 서술'은 '일어난 일의 기록으로부터 지금 여기에서의 맥락에 상응하는 의미 찾기'만을 수행할 수밖에 없는데, 그것은 결국 원인론의 탐색으로 전개됩니다. 그리고 그것은 다시 언제나 지금 여기의 자기 정당화를 위한 논거로 활용됩니다. 자신의 실존이 '설명할 수 있는 것'이 되는 것입니다.

그러나 기술된 역사를 통하여 우리가 직면하는 문제는 오히려 '설명 불가능한 역사'이거나 '이루어진 설명의 부적합성'이거나 '설명의 무의미성'입니다. 실존의 문제는 원인론적 진술로도 실존이 설명되지 않는다는데 있습니다. 그럼에도 불구하고 우리는 '역사적 진실'이라든지 '역사적 심판'이라든지 하는 '비이성적 전제'를 통하여 역사를 기술하면서 이른바 '역사주의'라는 이념적 태도를 역사인식의 기반으로 전제합니다. 그리고 마침내 '역사창조'라는 자의식으로 인간의 존엄을 확보하려 합니다.

그러나 우리가 직면하는 삶의 사건들은 그렇게 진전되지도 않고 그렇게 설명되지도 않습니다. 오히려 '역사의 창조'가 아니라 '역사로부터의 탈출' 또는 '시간의 소거(消去)'를 희구하는 일이 역사를 직면하는 경험의 자연스러운 귀결이기도 합니다. 인간이 직면한 실존적 궁경은 실은 '시간의 공포' 또는 '역사의 공포'이기 때문입니다. 그러므로 시간을 지우고 역사로부터 벗어나려는 것이 바로 '구원의 희구'입니다. 따라서 진정한 역사서술이 가능하다면 그것은 역사 안에서 인류가 도모하는 '시간 지우기의 역사'를 기술하는 일이지 않으면 안 됩니다.

엘리아데의 이러한 역사 또는 시간이해는 그가 기존의 종교사와 전혀 다른 종교사 서술을 의도하고 있음을 짐작하게 합니다. 그것은 '상징으로 점철된 문화현상의 역사'를 기술하는 일이라고 할 수도 있습니다. 이것은 '새로운' 과제입니다.

그러나 연대기(年代記)를 간과한 역사서술은 불가능합니다. 역사란 불가역적(不可逆的)이고, 예지(豫知)할 수 없으며, 자율적인 가치를 지닌 사건들의 연속입니다. 역사는 흐름을 준거로 한 '연쇄된 사건의 기술'입니다. 뿐만 아니라 역사란 지리적 조건·사회구조·정치적 사태 등에 의하여 야기되는 인간 경험의 총체이기도 합니다. 개인적인 경험도 이에 포함됩니다. 그런데 엘리아데가 제언하는 역사 서술은 그러한 역사이해를 준거로 한다면 바로 그 '역사에 대한 저항'을 의도하는 것이라고 할 수 있습니다. 왜냐하면 사건이 아니라 상징으로 점철된 문화의 역사란, 만약 그것을 여전히 역사라고 한다면, '연대기를 해체한 역사' 또는 '구체적인 시간을 거절한 역사'일 것이기 때문입니다.

이미 우리는 상징을 논의하면서 상징으로 묘사되는 역사란 그럴 수밖에 없으리라는 것을 짐작할 수 있었습니다. 시간의 가역성(可逆性), 사건의 반복성, 해석 의존적인 타율적 가치를 지닌 사건들을 진술해야 하는 것이 엘리아데가 착수한 새로운 과제의 내용일 것이기 때문입니다. 그런데 그렇다면 이것은 역사가 아닙니다. 그러나 엘리아데는 이러한 '반역사적(反歷史的) 역사'를 '새롭게 서술할 역사'여야 한다고 주장합니다. 종교사는 그렇게 기술되어야 한다고 말합니다. 뿐만 아니라 '역사'도 그렇게 재서술되어야 한다고 주장합니다.

이러한 엘리아데의 주장은 그가 역사에 대한 충분한 인식을 결하고 있기 때문에 일어난 '불안한 사태'일 수도 있습니다. 그런가 하면 어떤 편견이 역사에 대한 그릇된 태도를 가지게 한 것이라고 비판할 수도 있습니다. 예를 들면 그가 헤겔(Hegel)의 역사철학은 근원적으로 강대국의 이념일 뿐이라고 언급한 것도 우리는 그가 루마니아인이기 때문에 가능한 발언이라고 할 수도 있습니다. 하지만 역사에 대한 그의 비판적 인식은 주목할 만한 가치가 있습니다. 이를테면 그는 역사가 '사실'이라고 진술되는데 대하여 동의하지 않고 있습니다. 인간은 '역사적 존재'라고 하는 이념적 진술에 대해서도 공감하지 않습니다. 그리고 그는 그렇게 할 수 없음을 '고대의 존재론(archaic ontology)'이라고 자신이 명명한 문화-역사적 사실로부터 이끌어내고 있습니다. 이 때 그가 주목하는 현상이 있습니다. 신화와 제의가 그것입니다.

창조적 해석학
-고대의 존재론과 새로운 휴머니즘

신화—살아있는 이야기

역사주의의 두드러진 공헌이 있다면 그것은 '신화의 효과적인 제거'일지도 모릅니다. 근대 이후 신화는 온갖 부정적인 평가를 받았습니다. 신화는 사실을 기술한 역사의 범주에 들 수 없다는 것이 주된 이유였습니다. 그리하여 신화는 설명 불가능한 이야기, 사실이라고 승인할 수 없는 이야기, 화자(話者)가 불분명한 무책임한 이야기, 유치한 환상으로 채워진 이야기 등으로 인식되었습니다. 판단준거가 역사든 의식이든 신화는 '비현실적인 이야기'로 간주된 것입니다. 그러므로 신화에 대한 논의도 허상(虛像)을 논의하는 것과 다르지 않기 때문에 도로(徒勞)일 뿐이라고 비판을 받았습니다. 많은 논의들이 신화를 주제로 이루어지고 있지만 아직도 그러한 사정이 바뀌어진 것 같지는 않습니다. 뿐만 아니라 인간의 이야기들 속에서 어떤 이야기를 따로 울을 지어 '이 이야기가 신화다'라고 하는 일이 거의 불가능하다는 사실도 신화에 대한 평가절하를 부추기는데 한몫을 했습니다. 그렇기 때문에 신화는 실은 '없는 것'인데 학문의 울 안에서 만든 '개념'일 뿐이라는 진술조차 등장하고 있습니다.[9] 신화에 대한 어떤 논의도 실제로는 자의적이고 직관적인 것일 뿐이기 때문에 '신화론(mythology)'은 아무런 학문적 가치도 없는 것이라는 발언도 같은 맥락에서 이루어진 것입니다. [10]

그러나 인간의 가장 뚜렷한 문화적 특징은 '이야기의 현존'입니다. 인간은 이야기를 하고 삽니다. 그런데 그 이야기가 모두 '한결같은' 것은 아닙니다. 그 속에는 '다른' 이야기라고 할 수밖에 없는 이야기들이 있습니다. 이를테면 '옛날에~ 옛날에~'로 시작되는 이야기가 그러합니다. 그런데 그 '옛날'은 연대기와 직접적인 관련이 없습니다. 그것이 과거를 지칭하는 것은 분명하지만 '과거의 어느 때'를 언급하는 것은 아닙니다. '아주 오래 된'이라는 의미를 담고 있기는 하지만 그것이 '어떤 일정기간 이전'을 이야기하는 것은 아닙니다. 오히려

'그 때'라고 해야 옳을, '시간의 처음 자리, 또는 시간이 비롯한 때'를 일컫는다고 해야 참뜻이 드러나는 그러한 것입니다. 신화는 그러한 '옛날에~'로 시작하는 이야기입니다.

그런데 이 '옛날 이야기'는 '그때 어떤 일이 일어났다'는 '사건'을 전해줍니다. 그 사건의 주역들은 신으로 불리든, 신적인 존재로 묘사되든, 인간이지만 인간을 넘어서는 영웅으로 간주되든, 공통적인 점은 비인간(非人間)이거나 초인간(超人間)이라는 것입니다. 신화는 그러한 존재가 '그때' 한 일을 전해줍니다. 그리고 그 일은 '처음'에 일어난 일이기 때문에 '존재의 출현'을 전하는 이야기일 수밖에 없습니다. 그렇다면 신화란 '창조를 서술하는 이야기'라고 해도 좋습니다. 엘리아데는 이를 다음과 같이 설명하고 있습니다.

……신화는, 초자연적인 존재의 행위를 통하여 하나의 실재가, 그것이 실재의 총체인 우주든, 어떤 섬이나 어떤 식물(植物)이나 특정한 인간의 행동이나 제도 등과 같은 실재의 단편들이든, 어떻게 존재하게 되었는지 이야기해준다. 그러므로 신화는 언제나 '창조'를 이야기한다. 신화는 어떻게 사물이 생산되었고 존재하기 시작했는지 하는 것과 관련된 것이다. 신화는 완벽하게 드러난 실제로 일어난 것만을 이야기한다.[11]

엘리아데는 신화가 참으로 일어난 일만을 이야기한다고 말합니다. 이를테면 신이 하늘을 지었다고 하는데 정말 하늘이 있지 않으냐고 하면서 그 이야기는 사실을 전해주는 '진짜 이야기'라고 주장합니다. 그러나 다른 자리에서는 그것은 신화가 진술하는 이야기가 참이라는 것을 전제할 때만 가능한 인식이기 때문에 그것의 보편성이나 타당성을 주장하는 데는 한계가 있다고 말합니다. 그 이야기가 '참말'이라는 주장은 자의적인 선언일 뿐이라고 판단하는 것입니다. 물론 그러한 사건의 내용이 '사실'인지 '허구'인지 판별하려는 노력이 무의미할 까닭은 없습니다. 실재하지 않는 사실에 대한 인식의 전개란 자기기만과 다르지 않기 때문입니다. 그러나 그 사건의 사실여부보다 더 중요한 것은 그러한 이야기의 현존 자체입니다. 엘리아데는 우리가 유념해야 할 것은 그러한 '다른 이야기'가 인류의 삶 속에서 '끈질기게' 지속하고 있다는 사실이라고 주장합니다.

인류의 역사는 어느 때 어느 곳에서든 일상적인 이야기로 여길 수 없는 '다른 이야기'가 있다는 사실을 드러내 주지 않은 적이 없습니다. 그러한 이야기를 '역사-이전'이라거나 역사의 사실성과 대칭되는 '허구'라고 일컫는다 할지라도 사정은 다르지 않습니다. 오히려 '허구의 실재' 또는 '환상의 실재'를 말하지 않을 수 없는 것이 신화와 관련된 현실이기 때문입니다. 신화에 대한 엘리아데의 관심의 초점은 여기에 있습니다. 신화에 대한 잘못된 인식은 '없는데 있다'가 아니라 '있는데 없다'라는 것이 그의 판단인 것입니다. 달리 말하면 그가 관심을 기울이는 것은 '신화의 생존'입니다.

우리는 신화를 과거의 문화가 지니고 있는 이야기로 여깁니다. 그러나 엘리아데는 신화를 지금 여기에서도 '살아있는 이야기'로 여깁니다. 신화의 소멸이나 퇴장 또는 신화의 죽음이란 인간의 삶 속에서는 일어날 수 없는 비현실적인 사태라고 이해합니다. 그러한 그의 인식근거는 분명합니다. 신화는 '처음 일'을 이야기합니다. 그런데 우리는 어떤 사물이 현존하는 것은 그것이 '아득한 처음'에 그렇게 있도록 되어진 것이기 때문이라고 말합니다. 사물에 대한 이러한 인식이 지속하는 한 '처음 이야기'는 여전히 '살아'있는 것과 다르지 않습니다. 바꾸어 말하면 그 이야기가 살아있다는 것은 그 이야기가 담고 있는 사건이 승인되고 수용된다는 것과 다르지 않습니다. 그렇다면 그 이야기는 '참으로 일어난 일을 전해주는 진짜 이야기(true story)'가 됩니다. 하지만 사물에 대한 그러한 '의식'이 없으면 그 처음 이야기가 승인되거나 수용되지 않습니다. 그 이야기는 있지만 살아있지 않은 것입니다. 그렇게 '죽은 이야기'는 자연히 '실제로 일어나지 않은 것을 이야기하는 거짓 이야기(false story)'가 됩니다.

문제는 그 둘이 빚는 현실입니다. 신화의 생존이 분명한 삶의 정황은 그렇지 않은 삶의 정황과 전혀 다른 에토스를 지닙니다. 그 다름은 인간과 삶에 대한 '견해'를 달리하게 합니다. 서로 상반하는 현실인식·의미체계의 축조(築造)·규범의 구체적 실천 등을 현실화합니다. 엘리아데는 신화가 생존하는 삶의 자리와 그렇지 않다고 기술되는 삶의 자리를 견주어 설명하면서 두 개의 다른 '존재론'을 진술합니다. '고대의 존재론'과 역사주의적인 태도가 빚는 존재론이 그것입니다.

고대의 존재론

　그가 일컫는 '고대'는 대체로 연대기적 과거를 지칭하지만 그것에 한정하는 것은 아닙니다. 현존하는 의식의 어떤 모습도 그 존재론의 범주에 드는 것으로 묘사하고 있기 때문입니다. 무엇보다도 '고대'라는 어휘가 신화가 살아있는 '정황'을 일컫기 위해 선택된 것임을 유념한다면 그것은 오늘날 우리가 겪는 역사주의적인 에토스가 지배하는 때와 상대적이라는 의미에서의 '고대'라고 이해해도 좋을 듯합니다.
　'고대의 존재론'이라는 주제로 엘리아데가 살펴보려는 것은 그 때 '어떻게' 신화가 살아있었는가 하는 것입니다. 그것은 달리 말하면 '신화의 기능'에 대한 진술이기도 합니다. 이러한 접근을 통하여 그는 우선 신화란 행위든, 제도든, 삶의 일상적인 양태든, 인간의 중요한 것들은 '본(primordial model)'을 지니고 있다는 것을 이야기해주는 것이라고 말합니다. 신화는 어떤 사물이 어떻게 해서 '있게' 되었는지 이야기해주고 있기 때문입니다.

인간은 왜 그런지 모르지만 '퇴색하는 삶'을 겪습니다. 그것은 '생동하던 처음의 상실'과 다르지 않습니다. 그렇다면 그러한 삶이 삶다워지려면 '처음을 되살지' 않으면 안 됩니다. 그런데 신화를 이야기하는 것은 처음을 되읊는 일입니다. 따라서 신화가 이야기된다는 것은 처음이 재연되고 있는 것이기도 합니다. 이를 우리는 '본을 되사는 일'이라고 할 수 있습니다. 그러므로 신화를 읊으면서 삶은 본을 지닌다는 것, 그 본을 좇아 사는 것이 삶다움을 지탱해 준다는 것, 그것의 구현을 삶의 규범으로 삼아 살아야 한다는 것 등을 터득하는 삶이 다름 아닌 고대 존재론의 내용입니다. 그러므로 그것은 '본을 좇아 사는 일'과 그래서 가능해지는 '처음의 되풀이', 그리고 불가역적인 시간을 '가역적(可逆的)'인 것으로 바꾸는 경험에 바탕을 둔 존재론이라고 할 수 있습니다.

그런데 그것은 '이야기의 읊음'만으로는 충분하지 않습니다. '처음의 되풀이'는 삶 속에서 실제적이고 직접적으로 드러나야 합니다. 인류의 역사는 인간이 늘 그러한 요청을 몸으로 현실화하고 있음을 보여주고 있습니다. 제의(祭儀)가 그것입니다.

신화·제의—세계의 갱신

몸이 없으면 삶이 없습니다. 당연히 우리는 몸짓을 하며 살아갑니다. 그런데 마치 어떤 이야기가 여느 이야기와 '다른' 이야기로 있어 신화로 불려지듯이, 어떤 몸짓은 일상의 범주에 들기를 거절합니다. 어떤 계기들은 일상적이지 않은 '다른' 몸짓을 연출하게 합니다. 이를테면 '설'이 그러합니다. 그 날, 우리는 '새' 옷과 '다른' 음식을 먹습니다. '사자(死者)와의 만남'이라고 해도 좋을 비일상적인 일을 극화(劇化)합니다. '하지 않던 몸짓'이 넘칩니다. 그런데 이때 사람들은 '묵은 해'가 '끝나'고 '새해'가 시작된다고 말합니다. 그것은 일상이 깨지는 계기이면서 아울러 기존의 시간을 배제하는 계기이기도 합니다. 그러므로 설(元旦)은 세월을 끝내고 처음을 되사는 '몸짓'으로 채워진 날입니다. 개인이든 공동체든 세월의 마디를 잇는 몸짓을 이렇게 드러냅니다. 그렇다면 제의는 그것이 어떤 것이든 '끝과 처음을 구조화한 몸의 형식'이라고 할 수 있습니다.

또 다른 예로 역(曆)의 문화를 들 수 있습니다. 역은 익숙

한 우리의 일상입니다. 역은 시간이라는 물리적 현상을 측정하고 다듬어 만든 '편의'입니다. 그러나 역은 그렇게만 있지 않습니다. 우리는 세월을 그저 따라 흐르지 않고 그것을 관리하고 통어하려 합니다. 역의 문화가 지니는 진정한 의미는 그러한 희구를 구체화했다는데 있을지도 모릅니다. 왜냐하면 그것이 하루든, 한 달이든, 한 해든 역은 흐름의 지속 안에 '끝'과 '처음'을 담기 때문입니다. 다시 말하면 퇴색한 시간의 단절과 새로 비롯하는 시간의 출현을 획(劃)하고 있는 것이 역입니다. 그러므로 역은 단순히 시간측정을 위한 편의가 아닙니다. '시간의 갱신(renewal of time)'을 의도하는 의미론적 지표입니다.

역이 없는 문화권에서조차 시간과 관련된 의미론적 지표는 분명합니다. '비일상적인 사건'들로 점철된 그 나름의 다른 역을 가지고 있기 때문입니다. 예를 들면 자신의 결혼과 자식의 태어남과 부모의 돌아가심 등으로 세월을 '매듭'짓는 역을 살아갑니다. '사건의 연대기'가 아니라 '사건의 점철'이 역을 이루는 것입니다. 그런데 그 계기들은 삶을 끝내고 되시작하는 마디들과 다르지 않습니다. 그러므로 그 때는 '다른, 처음 이야기'와 '다른, 본을 되사는 몸짓'으로 채워집니다. 제의가 수행되는 것입니다. 결국 제의는 '처음 일어난 일'을 되읊으면서 그때 그 비롯함을 가능하게 한 신적인 몸짓을 모방하여 재연하는 것과 다르지 않습니다. '흐르는 시간'은 이처럼 신화-제의적 현실에 의하여 끊임없이 소멸되고 되시작됩니다. 엘리아데는 고대 존재론을 서술하면서 원시나 고대라고 일컬어지는 문화 속에서 이러한 사실들을 실증적으로 확인해 나갑니다. 신화의 생존, 제의의 수행을 결한 문화를 예시할 수 없는 한, 이러한 주장의 타당성을 부정할 논거는 없습니다.

그런데 시간의 갱신을 통하여 마침내 우리가 도달하는 것은 '세계(World)의 갱신'입니다. 엘리아데는 이를 다음과 같이 설명합니다.

> 분명히 원시인들은 '해(年, Year)'를 다양하게 이해하였고, '설(New Year)'의 날짜도 기후·지리적인 환경·문화의 유형에 따라 달랐다. 그러나 언제나 그들의 그러한 경험 속에는 하나의 순환, 곧 처음과 끝을 지닌 일정한 시간의 주기(週期)가 있었다. 그리고 한 순환의 끝과 다음 순환의 시작은 세계의 갱신을 목표로 하는 일련의 제의가 수행되는 것으로 특징지어졌다. 이미 언급한 바 있듯이 이 갱신(renovatio)은 우주창생의 전범을 좇아 이루어지는 재창조이다.[12]

그러므로 신화와 제의는 '시간의 소거'와 '시간의 재생'을 가능하게 하면서 마침내 세계를 새롭게 합니다. 그렇기 때문에 신화와 제의로부터 말미암는 연대기적 시간의 거절은 '다른 우주'를 창조하면서 '다른 역사'를 기술하지 않으면 안 되도록 합니다. 그런데 이러한 '다른 역사'는 인간을 시간에 함몰되거나 짓눌리도록 하지 않습니다. 소거와 재생이 이어지기 때문입니다. 따라서 이 틀 안에서 인간은 비로소 '시간의 공포'로부터 자유롭게 됩니다. 엘리아데의 다음과 같은 언급은 이를 잘 설명해주고 있습니다.

신화가 살아있는 사물인 사회 속에서 사는 인간은, 비록 '수수께끼' 같고 불가사의하지만, '열려진' 세계 속에서 산다. 세계는 그를 향해 '발언'한다. 그리고 신화를 알고 상징을 읽을 수 있기만 하면 그는 그 언어를 이해할 수 있다. 달의 신화와 상징을 통하여 인간은 덧없음·출생·죽음과 재생·성(性)·풍요·비·작물(作物) 등의 신비한 연계를 파악한다. 이제 세상은 더 이상 마음대로 내던져진 불투명한 사물의 집적(集積)이 아니다. 그것은 정교하게 다듬어지고 의미 있는 살아있는 우주(Cosmos)이다. 결국, 세상은 자신을 하나의 언어로 드러낸다. 자기 자신의 존재양태를 통하여, 그리고 자신의 구조와 운율을 통하여, 인간에게 발언하고 있는 것이다.[13]

'고대의 존재론'은 이러한 경험으로부터 솟은 존재이해를 서술하고 있는 것입니다.

그러나 이러한 경험은 역사주의적 의미체계를 살아가는 '현대인'들에게는 '낯선' 것입니다. 역사주의는 인간을 시간 속에서 일어나는 일에 의하여 조건지어지고 빚어진 존재로 규정합니다. 따라서 모든 의미는 역사 안에서만 가능합니다. 역사를 벗어난 것이라고 일컬어지는 어떤 것이 있다면 그것은 환상의 다른 이름일 뿐입니다. 뿐만 아니라 역사적 사건의 재연은 비현실적이고 불가능합니다. 시간이 불가역적인한 모든 '사건'은 일회적일 수밖에 없기 때문입니다. 바로 이러한 맥락에서 역사주의는 '역사의 필연'을 일컫습니다. 그리고 이와 아울러 '역사의 창조'를 주장합니다. 역사 안에서 이루어지는 의도적인 행위들은 결과적으로 '역사를 빚는' 규범적 범주에 든다는 것을 주장하는 것입니다. 그리고 다시 그 맥락 안에서 인간은 자기의 정체성을 '역사에 대한 책임주체'로 확인합니다. 인간은 '역사적 존재'라는 자의식을 통해 자신의 존엄을 선양하는 것입니다. '역사적 정의(正義)'나 '역사적 심판'도 이 맥락 안에서 이루어지는 '규범'들입니다. 그러므로 본의 재연·처음의 되시작·시간의 소멸·시간의 재생 등을 주장하는 것은 '역사'를 거역하는 부정직한 진술일 수밖에 없습니다. 그러한 일은 역사자체의 해체를 뜻하는 것이고,

그것은 다시 인간의 존재근거를 상실하는 것과 다르지 않습니다. '역사적인 인간'은 이러합니다.

이 둘의 다름을 다음과 같이 묘사할 수도 있습니다. '고대의 존재론'을 사는 사람들은 어떤 '비역사적인 것'을 준거로 하지 않고는 자기들의 경험을 적절하게 평가하지 못합니다. 그런데 그 비역사적인 것이란 엘리아데에 의하면 '그때(illud tempus)'이고 '시간의 처음'이며 '창조의 계기'입니다. 그러나 이러한 것은 '역사적 사실성'을 가지지 않습니다. 따라서 역사적 인간, 곧 현대인은 그러한 것은 다만 상상력이 구축한 가공적(架空的)인 것일 뿐이라고 주장합니다. 의미 있는 것은 오직 '역사적 사건'뿐이기 때문입니다. 그러므로 역사적 인간에게는 '처음'과 아무런 이음도 없는 '새로움(novelty)'을 기리는 일이 가장 중요한 명제입니다. 현대인이 '역사를 창조해야 한다'는 소명의식을 가지는 것은 바로 이 때문입니다. 그러므로 역사적 인간은 역사적 사건들에 대한 '깨어있는 의식'을 지녀야 온전한 인간일 수 있다는 자의식을 지닙니다.

당연히 역사주의적 인식의 지평에서는 고대 존재론 자체가 비현실적입니다. 그것은 인간의 자율성과 존엄에 대한 모욕과 다르지 않습니다. 역사주의의 출현은 그러한 '허구의 현실성'을 마침내 허구이게 한 '역사'의 구현이기도 합니다. '역사의 필연성'이라는 역사이해가 그러한 주장의 논거가 됩니다. 그런데 이러한 주장은 동어반복과 다르지 않습니다. 역사주의는 고대의 존재론과 달리 역사 이외의 어떤 실재도 승인하지 않기 때문입니다. 결과적으로 이러한 태도는 역사를 폐쇄구조이게 합니다. 따라서 '역사의 창조'조차 '역사의 필연'을 강화하는 것과 다르지 않습니다. 그런데 그러한 태도는 '필연의 논리'에 의하여 '상상력의 형해화(形骸化)'를 촉진하는 일과 다르지 않습니다. 고대 존재론의 자리에서 보면 '초월이 간섭할 수 있는 통로'를 막아버리는 일과 다르지 않은 것입니다.

고대의 존재론과 역사주의의 병존

그러나 엘리아데는 고대의 존재론이 역사의 흐름 속에서 사라진 것은 아니라고 말합니다. 이를 그는 현대의 세계가 완전히 역사주의에 '개종'한 것은 아니라고 묘사하면서 신화-제의를 통하여 시간과 세계를 재생하려는 고대 존재론은 그것을 치밀하게 배제하려는 현대인의 의식 안에 여전히 구조적으로 살아있다고 말합니다. 엘리아데는 두 가지 물음을 통하여 이를 실증하려 합니다. 하나는 역사주의가 개인이나 집단의 삶 속에 끼어드는 재난이나 불운이나 고통을, 곧 '역사'를, 진정으로 감내하도록 하고 있는가 하는 물음이 그것입니다. 그는 이에 대하여 부정적입니다. 역사적인 사건을 그것이 역사적인 필연이라는 진술을 통하여 정당화한다고 해서 그 사건이 일으키는 '공포'로부터 인간이 자유로울 수 있으리라고 기대하는 것은 현실을 간과한 것이라고 말합니다. 그래서 그는 다음과 같이 주장합니다.

> 오늘날 역사의 중압이 어떠한 탈출도 허락하지 않는 이 현실 속에서 만약 역사의 파멸과 공포를 넘어서 있는 어떠한 징표나 어떠한 초역사적인 의미를 예견할 수 없다면 어떻게 인간은 역사의 파멸과 공포—집단적인 추방, 대량 학살 등으로부터 원자탄 투하에 이르기까지—를 감내할 수 있을 것인가······[14]

이러한 맥락에서 엘리아데가 구체적으로 지적하는 것은 역사주의 안에 담겨있는 고대 존재론의 '흔적'입니다. 그는 마르크시즘을 역사주의의 한 전형으로 보고, 그것이 지닌 '종말론적 비전'을 예로 듭니다. 마르크시즘은 인간의 삶이 갈등으로 개념화되는 구조를 지니고 있으며, 그것은 더 이상 갈등이 없는 현실을 지향한다고 말합니다. 중요한 것은 그 '역사적 이념'이 더 이상 '역사'라는 개념이 적합성을 가질 수 없는 '역사의 종국'을 지향한다는 사실입니다. '역사의 공포'

를 말한다면 종국은 그 공포로부터 자유로워진 자리입니다. '낙원에의 동경'이라고 할 수 있을 이러한 마르크시즘의 주장은 '처음' 이야기에 상응하는 '마지막' 이야기와 다르지 않습니다. 그 마지막이란 또 다른 처음이기 때문입니다. 그렇다면 역사주의는 고대 존재론의 구조로부터 조금도 일탈하지 않은 모습으로 있는 것과 다르지 않습니다.

또 다른 하나의 물음은 역사가 무엇을 전승하고 있는가 하는 것입니다. 역사기술이 과거의 재연을 의도하는 것은 아닙니다. 의미를 획득하기 위해 재편되는 사실들의 기술입니다. 그러므로 역사는 결과적으로 의미가 '생산'된 사건만을 '일어난 일'로 간주합니다. 역사를 구성하는 것은 일어난 모든 일이 아니라 '일어난 일'로 해석되어 '지속되는 사건'들인 것입니다. 그런데 그 지속은 '기억'과 다르지 않습니다. 바꾸어 말하면 역사는 '기억된 사건들'로 이루어집니다.

그런데 이 과정에서 우리가 주목할 것은 왜 어떤 것은 기억되고 어떤 것은 기억되지 않는가 하는 것입니다. 이에 대하여 엘리아데는 우선 기억은 '비역사적(anhistorical)'인 것임을 지적합니다. 일어난 일을 기억하는 것이 아니라 기억하고 싶은 일, 기억해야 할 일만 기억하기 때문입니다. 개인은 물론 집합체나 이른바 민간의 기억도 그러합니다. 그렇다면 어떤 준거가 그러한 판단을 하게 하는가 하는 것을 알지 않으면 안 됩니다. 엘리아데는 이에 대하여 기억을 가능하게 하는 것은 '사건'이 아니라 '범주'이고 '역사적 인물'이 아니라 '원형으로서의 인물'이라고 말합니다. 역사적인 사건이 신화적인 행동의 범주와 일치하고 역사적인 인물이 신화적인 모델과 동화될 때 비로소 '기억의 전승 또는 역사의 전승'이 가능해진다고 주장하는 것입니다. 그렇다면 고대 존재론은 역사주의와 다른 것이 아니라 오히려 그 안에서 역사주의의 구조를 이루고 있는 것이라고 할 수 있습니다. 그렇다고 하는 사실이 다만 간과되거나 은폐되어 있거나 위장되어 있을 뿐이라고 판단하는 것입니다. 그러므로 엘리아데에 의하면 '역사주의의 승리'란 정확하지 않은 진술입니다. 고대의 존재론과 역사주의는 갈등적인 것으로 인식되고 있음에도 불구하고 서로 연속·중첩·강조·간과·은폐 등으로 묘사할 수 있는 관계 정황 안에 함께 있기 때문입니다.

분명한 것은 '성의 범주에 드는 역사(sacred history)'와 '성의 범주에 드는 몸짓(mythic archetypal performance)'이 삶의 현실 안에 있다는 사실입니다. 그것을 거절하는 역사주의적 이념조차 그것이 고대 존재론의 구조를 담고 있음을 간과하고는 제대로 설명할 수가 없습니다. 사실을 기술하고, 그것을 해석하여 의미를 추출해내는 역사학의 발언들도 그것이 '위장된 신화(camouflages of myths)'라는 사실을 유념할 때 비로소 이해할 수 있는 것이 됩니다. 엘리아데는 '산문의 규범'이 정당한 인식의 준거로 자리 잡은 역사시대에서도 여전히 '시(詩)의 현존'이 기려진다는 것은 인간의 의식이 '신화적 사유와 행위'에 얼마나 침잠해 있는지를 보여주는 것이라고 말합니다.

모든 시는 언어를 재-창조(re-creat)하려는 노력이다. 다시 말하면 현존하는 언어, 곧 일상의 언어를 소거하고 새롭고, 사적(私的)이고, 나 자신의(personal) 것인 발언, 그래서 마침내 내밀한 비밀(secret)을 지으려는 노력이다. 그러나 시적 창조란 실은, 언어의 창조도 마찬가지지만, 시간의 소거—언어 안에 응집된 역사의 소거—를 함축하고 있는 것이며, 그렇기 때문에 시간에 대한 의식이 없고 시간적 기간에 대한 기억이 없기 때문에 과거가 존재하지 않는 때, 누구나 자유롭게 마음대로 무엇이나 창조해낼 수 있었던 때인 낙원 또는 원초적인 정황의 회복을 지향하려는 것이다. 시인은 마치 우주창생의 순간에, 곧 창조의 첫날과 동시에 자기가 있었던 것처럼 여겨지는 그러한 세계를 발견한다. 어떤 관점에서 보면 위대한 시인은 제각기 세계를 되빚는(re-mak-ing) 사람이다. 시간(Time)도 역사(History)도 없는 것처럼 세계를 보기 때문이다. 이러한 상황 속에 있는 시인의 태도는 이상하게도 '원시인'의 태도나 전통사회의 인간

의 태도와 비슷하다.[15]

역사주의의 논리를 따른다면 신화처럼 시도 제거되어야 합니다. 하지만 시는 엄연히 현존합니다. 그러므로 엘리아데가 이 곳에서 진술하는 것은 '역사적 조건 안에서의 시의 역할이나 의미'가 아니라 '존재론적 요청으로서의 시의 현존'입니다. 그는 시를 '살아있는 신화'의 범주에 넣어 인식하고 있는 것입니다. 시뿐만 아니라 엘리아데는 현대사회에서의 대중 매체의 기능·엘리트에의 기대·정치적 유토피아니즘이 지닌 종말론 등도 '잔존하는, 은폐된 또는 위장된 신화'로 여깁니다. 개념적으로 말하면 이러한 현상들은 상징의 재발견·상상력에 대한 새로운 평가·'홑겹 아닌 삶'에 대한 성찰 등과 무관하지 않기 때문입니다. 그는 이러한 오늘의 사태는 역사주의가 주장하는 '역사'가 아닌 '성의 범주에 드는 다른 역사의 서술 가능성'을 역사주의 자체가 배태하고 있음을 보여주는 것이라고 주장합니다.

그렇지만 고대 존재론의 거절로 특징지어지는 역사주의의 지배적 확장은 거스를 수 없는 현실입니다. 그런데 그에 의하면 '현대인'이 직면하는 이러한 상황은 역사주의가 고대 존재론을 거절하고 배척하기 때문만은 아닙니다. 오히려 고대 존재론 자체가 스스로 '타락'하고 '저질화'되고 '유치화(幼稚化)'

되고 있기 때문이라고 말합니다. 예를 들면 상징경험 안에서 이루어지는 '상징의 기호화' 현상, 실존적 의미를 고양하기 위한 것이라고 주장하면서 신화경험 안에서 이루어지는 '신화의 비신화화' 현상 등이 그러합니다.

참으로 역설적이지만 이러한 현상이 벌어지는 까닭은 '시간의 공포'가 역사주의의 난점만이 아니라 '신화의 시간을 경험하는 자리'에서도 예외가 아니라는 사실 때문이라고 할 수 있습니다. '신화의 시간(mythical time)'은 개념적으로 말한다면 퇴색하는 시간이 아닙니다. 하지만 그 시간도 '경험 안에' 담깁니다. 따라서 그 시간조차 '비일상의 일상화 현상'으로부터 자유로울 수 없습니다. 그렇다면 '고대 존재론의 역사'와 '역사주의적인 역사'는 이제까지 서술한 내용을 더 구조화하여 그 둘의 현존을 재성찰할 필요가 있습니다.

종교학—창조적 해석학

이미 앞의 2장에서 언급한 내용이지만 다시 이를 지금의 맥락에서 재서술한다면 다음과 같이 정리할 수 있습니다. 성현은 일상의 사물입니다. 성현은 '시간 일탈적인 것'이 아닙니다. 그러므로 역사적 시간이 없다면 성현이 드러날 수 있는 자리도 없습니다. 따라서 역사적 시간은 '비시간적 구조'

가 드러나는 기회를 제공합니다. 그러나 성현으로 일컬어진 상징의 구조를 역사가 근원적으로 '결정'하는 것은 아닙니다. 물론 역사는 성현의 의미나 상징의 가치 그리고 신화의 현존 자체에 대한 가치부여(valorization)와 재평가(re-valorization)를 수 행합니다. 그러한 것들은 역사적 시간에서 구체적으로 결정 되기 때문입니다. 그런데 엘리아데는 이러한 사실을 긍정하 면서도 그러한 역사의 평가나 재평가는 성현이나 상징이나 신화적인 진술의 근본 구조에 의하여 오히려 조건 지어진다 고 주장합니다.

이에 이르면 우리는 엘리아데가 의도하는 새로운 역사 기 술 또는 새로운 종교사의 서술이 어떤 것을 의도하는 것인지 짐작할 수 있습니다. 이미 앞장의 말미에서 언급한 바 있지만 그것은, 그가 직접 그렇게 언급하지는 않지만, '비시간적 역사 기술(anhistorical historiography)'을 모색하는 것과 다르지 않습니 다. 인류의 종교사는 그때 비로소 자신의 모습을 드러내고, 이를 통하여 우리는 종교문화란 어떤 것인지 비로소 알게 된 다고 그는 주장합니다. 왜냐하면 고대 존재론이 가장 뚜렷하 게 살아남은 모습은 '현대인'의 '종교 경험' 속에서 드러나기 때문입니다.

그렇다면 종교사는 '종교의 역사'이기보다 보편적이고 지 속적인 인간의 삶의 모습을 그대로 드러내는 현상과 다르지 않습니다. 종교는 '인간의 근원적인 모습'을 그대로 담고 있기 때문입니다. 그럼에도 불구하고 우리는 종교문화나 종교사에 대한 그러한 이해보다 수많은 개개 종교들, 그 역사의 다양한 변모들, 그 종교들 간의 비인간적인 갈등들, 종교적 가치에 대한 무조건적인 승인과 환원적인 부정들의 소용돌이 속에서 아예 종교담론의 불가능성과 비현실성에 봉착하고 있습니다. 적합성을 잃은 '종교'라는 말 대신에 '종교적'이라고밖에 할 수 없는 '새로운 영성(spirituality)'의 출현들에 관한 논의가 불가피한 것도 이러한 사정을 드러내 줍니다.

그런데 우리는 그 혼미 속에서도 인간의 궁경에 대한 분명한 규범적 해답을 기대하는 '신앙'을 여전히 포기하지 못합니다. 그러므로 '현대인'도 '구원의 희구'에서는 '고대 존재론'을 비롯한 범인류적인 경험으로부터 자유롭지 않습니다. 엘리아데는 이러한 역사인식 또는 문화인식에 기초하여 인류의 종교사를 연대기를 근간으로 하여, 그러나 인간의 창조성을 거점으로 하여, 다시 기술해야겠다고 다짐한 것입니다. 네 권으로 기획한 『종교이념의 역사』는 다만 세 권만 집필된 채 완간되지는 않았습니다. 그의 서거 때문입니다. 하지만 엘리아데의 '꿈의 무산'은 '상징적'입니다. 그가 『종교양태론 *Patterns in Comparative Religion*』에서 언급한 다음과 같은 내용을 주목하면 그렇습니다.

……역사적 사건은 새로운 종교적인 경험을 가능하게 하고 새로운 영적 가치를 발견하게 한다……그러나 비록 역사가 새로운 종교적인 경험을 도와줄 수 있다든지 마비시킬 수 있다 할지라도 종교적인 경험에 대한 요청을 소거할 수는 없다. 더 나아가 우리는 성현의 변증법은 자발적이게, 그리고 온전하게, 모든 종교적인 가치를 재발견하게 한다고 말할 수 있다. 그러한 가치들을 발견하는 사회나 개인이 어떤 것이든 누구는, 그리고 어떤 역사적 단계에 있든 상관이 없다. 그러므로 종교사는 결국 그러한 가치들을 잃고 또 되찾는, 곧 결코 끝나지도 않고 끝날 수도 없는 상실과 재발견의 드라마다.[16]

어쩌면 그의 기획이 미완성인 것은 당연한 '현상'인지도 모릅니다. 그의 문제의식·기대·꿈 그리고 현실도 모두 '역사적 현실'입니다. 그렇다면 '그의 현상' 자체도 또한 '신화적 현실'일 것이기 때문입니다.

종교적일 수밖에 없는 인간(homo religiosus)을 이해하고, 그러한 인간이 구축하는 문화와 역사를 아울러 서술하고자 하는 엘리아데의 이러한 '접근'은 그로 하여금 종교학이 결코 특정한 종교나 종교들을 인식의 객체로 삼는 것이 아님을 강조하게 합니다. 인간의 삶은 그것이 무엇이든, 어느 문화권에 속한 것이든, 어느 시대에 있는 것이든, 모두 종교학의 자료가 됩니다. 문헌적인 자료들이나 인류학적 자료들을 망라한 '역사–문화적 자료'들과 우리가 지금 여기에서 겪는 삶을 '총체적'으로 수렴하여 의미론적 실재가 되도록 하는 일이 종교학의 과제이기 때문입니다. 그러므로 그에 의하면 종교학은 하나의 '해석학(hermeneutics)'입니다.

그런데 이를 위해서는 '분석에 의한 전문화' 그리고 모든 사실이 수집될 때까지 어떤 일반화도 불가능하다고 믿는 '과학적 방법'으로부터 놓여나지 않으면 안 된다고 그는 주장합니다. 분석만을 일삼는 학문이란 없습니다. 작업가설도 발전시켜야 하고 일반화도 도모해야 합니다. 그런데 이 때 가장 중요한 것은 창조적 상상력을 발휘하는 일입니다. 굳이 종교학을 그가 '새로운 해석학'으로 명명하는 것은 창조성을 대가로 지불하고 확보하는 이른바 '학문적 성과'가 실은 얼마나 심각한 '불모성'을 드러내는가 하는데 대한 성찰에서 비롯한 것입니다. 학문은 근원적으로 '창조'의 작업입니다. 따라서 어떤 '과학적 결실'이 약속된다 할지라도 창조를 대가로 치르고 얻을만한 것은 없습니다. 그러므로 종교학은 분석이 아니라 종합을, 그리고 종합을 통한 '없던 의미'의 출현을 의도해야 한다고 엘리아데는 강조합니다. 자신의 해석학을 '총체적 해석학'이면서 동시에 '창조적 해석학'이라고 말하는 것은 이러한 이유 때문입니다.

종교학-휴머니즘

그런데 창조적 해석학을 전개하는 것은 결국 인간을 변화시키려는데 있습니다. 엘리아데는 이를 인간의 존재자체를 질적으로 변화시키는 '정신적 기술(spiritual technique)'이라고 말합니다. 창조적 해석학은 '달라진 세계'를 직면하는 '다른 자아의 출현'을 확인하게 하기 때문입니다. 따라서 '다른 역사'를 서술한다는 것은 기존의 역사와의 총체적이고 창조적인 만남을 통해서 새로운 실재를 발견하거나 빚어내는 것과 다르지 않습니다. 종국적으로 그것은 '새로운 휴머니즘(new humanism)'의 출현을 의도하게 합니다. 왜냐하면 그 '다른 역사'가 '성현의 경험'을 자료로 한 것이라면 그 해석학이 간과할 문화나 역사는 없을 뿐만 아니라 자료에만 함몰되어 그 사실들의 의미를 간과할 까닭도 없기 때문입니다. 그러므로 이러한 자리에서는 '종교인'이 아니라 '종교적인 인간'에 대한 관심을 구체화합니다.

자연히 이러한 그의 주장과 관심은 우리가 살아가는 현대의 문화를 직접적으로 읽어내려는 과제와 이어집니다. 그리하여 그는 이른바 '문화 유행(cultural fashion)'을 언급합니다. 특정한 사실의 유행 안에 숨겨진 '다른 역사'를 기술하면서 그것을 터득할 때 펼쳐질 '다른 문화'를 기대하는 것입니다. 그는 이를 '문화의 갱신(cultural renewal)'이라고 이름합니다.

그렇다면 종교학은 종교에 대한 객관적인 탐구가 아닙니다. 그것은 종교라고 일컬어진 현상을 통해 인간과 역사와 문화를 '다르게' 읽어 인간을 다시 이해하고 그가 지니고 있는 문제를 새로운 적합성을 가지고 풀어내려는 '태도'입니다. 그때 드러날 새로운 인간은 시간에 유폐되지 않는, 역사의 필연이라는 공포로부터 풀려난, 사실의 틀 안에 갇히지 않고 열려진 세계 속에서 의미를 호흡하는, 그러한 존재입니다. 종교적인 언어를 빌린다면 인간의 존엄을 확인하는 '구원받은 인간'입니다. 그렇다고 해서 그것이 특정 종교를 통해서 이루어지는 것은 아닙니다. 새로 기술하는 인류의 역사에 대한 '다른 터득'을 통해 이루어지는 것입니다. 물론 종교학이 종교의 자리를 차지하는 대체종교일 까닭은 없습니다. 이른바 '종교학적 구원론'이란 종교학을 비판하는 사람들이 편리하고 무책임하게 만든 언어일 뿐입니다. 그러한 발언 자체가 '하나의 종교' 안에 머무는 '종교적 태도'에서 비롯하기 때문입니다. 엘리아데는 특정 종교의 자기주장, 곧 신학은 그것이 어떤 주장이나 어떤 이념을 선포한다 할지라도 그 논의의 전개는 자기 신념의 강화에 머물 수밖에 없다고 말합니다. 그러므로 엘리아데가 신학과 종교학의 다름을 설명하면서 다음과 같이 발언하고 있는 것은 그 서술의 단순함과는 달리 매우 의미심장한 것입니다. 이제까지 어떤 학문도 그렇게 직접적으로 과감하게 자신의 책무를 천명한 경우가 없기 때문입니다. 그는 다음과 같이 말합니다.

> ……종교학은 종국적으로 문화적 창조(cultural creation)와 인간의 변용(modification of man)을 마음에 그리고 있다.[17]

이것이 엘리아데의 종교학입니다.

인식과 상상의 긴장

엘리아데가 이룩한 종교에 대한 '학문적인 연구'가 종교와 인간과 문화에 대하여 기존의 인식과 다른 새로운 앎을 충분히 마련하고 있는지 여부를 판단하는 일은 아직 남아있는 과제입니다. 특정 종교의 지배적인 에토스를 이해하는 인식의 논리로는 포용할 수 없었던 '옛날의 종교'와 '다른 종교'에 대한 이해를 아우르면서 새로운 '종교이해'를 거쳐 새로운 '인간이해'를 의도하겠다는 그의 종교학이 '긍정적인 평가 속에서 소통 가능한 지적 체계'로 자리를 잡고 있는지 여부도 판단하기에는 아직 이릅니다. 예를 들어 그의 기본적인 개념들, 곧 '성과 속'으로부터 고대 존재론을 거쳐 창조적 해석학에 이르는 그의 언어들이 혼란스럽고 산적한 '종교적인 자료'들을 다듬는데 얼마나 기여할 수 있는지, 그리고 그가 그토록 역사주의 또는 역사라는 실재에 대하여 심각하게 저어한 '낯선 평가'가 얼마나 오늘 우리의 문제를 풀어 나아가는데 도움이 되는지 하는 문제는 투명하게 다듬어지지 않고 있습니다.

앞의 장들에서 기술하고자 한 것은 그가 종교에 대하여 마련한 새로운 인식의 '지평'이었습니다. 자연히 그러한 서술은 그의 기여에 대한 긍정적 평가를 담고 있습니다. 그러므로 이 말미에서 그에 대한 긍정적 조명을 재시도할 필요는 없습니다. 하지만 부정적인 논의들에 대한 언급은 불가피합니다. 충분한 논의를 다른 자리로 미루더라도 다음과 같은 비판의 논거들을 언급할 필요가 있습니다.

때로 그의 논의는 지나치게 소박하고 감상적이라고 평가됩니다. 엘리아데에게 동정적인 칼리네스쿠(Matei Calinescu)조차 그의 글들은 '감성·통찰·무작위적인 성찰·직관·인상·계몽적인 것'들로 채워져 있다고 말합니다. 물론 그가 이러한 언급을 한 것은 엘리아데의 자서전들을 평하면서입니다. 하지만 칼리네스쿠가 진정으로 언급하고 싶은 것은 엘리아데의 학문 전체가 이러한 것으로 채색되었다는 것을 적시하려는 것이었습니다.[18] 뿐만 아니라 그의 주장은 마치 사제의 강론이나 설교처럼 울리기도 한다고 말합니다. 맥퀸(Graeme

MacQueen)이 엘리아데의 언급은 서술적인 것인지 규범적인 것인지 구분이 되지 않는다고 말한 것은 이러한 맥락에서 이루어지고 있는 평가입니다.[19] 따라서 그의 학문적 노작들은 한결같이 종교에 대한 어설픈 지식인(dilettante)의 수필일 뿐이라고 폄하되기도 합니다.

이러한 묘사들을 통하여 그를 부정적으로 평가하는 학자들은 무엇보다도 그가 사용하는 자료들이 불확실할 뿐만 아니라 자료를 선택하는 준거도 분명하지 않다고 말합니다. 엘리아데에 대한 이러한 부정적인 평가는 격한 어조로 발언되기도 합니다. 다음의 인용은 그 하나의 예입니다.

인류학에 소양이 있는 독자들은 제의의 실제와 이념의 맥락(사회적·문화적·경제적·정치적)에 대한 충분한 이해도 없이 모호하기만 한 종교제의를 정교하게 상술하는 엘리아데의 현학적이고 본질적으로 오만한 접근 때문에 그의 책을 읽는데 곧 싫증을 느낄 것이다. 엘리아데는 자료들을 그것이 있는 자리로부터 뽑아내어 그것들을 자기의 결론을 지지하는 하나의 양태에 모아 넣는 과오를 범하고 있다.[20]

그러한 자료들을 통하여 구축했다고 주장되는 그의 기본적인 개념의 모호성도 심각한 문제로 지적되고 있습니다. 이러한 부정적 평가는 그가 탐구하는 주제인 '종교' 자체가 개념적으로 다듬어지지도 않았고 불투명하다고 비판합니다.

불행히도 엘리아데는 어떤 종교정의를 체계적으로 제공하지도 않고 방어하지도 않았다. 대신에 그는 자신의 저서인 『물음과 답변』의 서문에서 다음과 같이 언급하고 있을 뿐이다. '우리는 성의 경험을 드러내기 위하여 우리가 임의로 사용할 수 있는 것으로 종교보다 더 명확한 언어를 가지고 있지 않다.' 그가 종교를 체계적으로 정의하는데서 실패한 것은 자기가 생각하기에 처음부터 종교현상을 제한한다고 여긴 이전의 종교정의들에 대한 불신에서 비롯한 것 같다. 불행히도 그는 그러한 단정으로부터 귀결되는 방법론적인 문제들을 탐구하는 데서도 실패하고 있다. 예를 들면 작업 이전의 정의 없이 인간행동의 어떤 측면들이 종교적인 것인지를 어떻게 알 수 있겠는가?……간단히 말하면 일단의 탐구자들이 적어도 인간행동의 어떤 측면이 종교적인 것인지 아닌지 토론할 수 있는 공공연하게 접근 가능한 일종의 준거가 있어야 하지 않겠는가? 비록 엘리아데는 '분명히 거룩한' 것들에 대하여 기술하려 했다 할지라도 그의 판단준거는 끝내 드러나지 않았다.[21]

이뿐만이 아닙니다. 예를 들면 성과 성현과 상징과 역사 등, 그가 사용하는 주개념들에 대한 비판은 신랄합니다. 이를테면 성(sacred)은 끝내 '모호한 실재'이고, 그가 말하는 고대의 존재론은 역사-문화적 맥락을 간과한 일반화를 통하여 모든 사물을 종교적인 것으로 여기는 이른바 종교학적 환원주의에 불과하며, 그가 주장하는 창조적 해석학이란 다만 변용(變容)된 신학과 다르지 않고, 새로운 휴머니즘의 제시는 또 다른 종교의 창립과 다르지 않다고 말합니다. 방법론이라고 할 수 있을 엘리아데의 '현상학적 접근'도 비판의 대상에서 예외가 아닙니다. 개념의 명료성과 논리적 일관성을 유념하고 보면 그의 현상학이란 철학적 정교화(精巧化)를 거치지 않은 단순한 심미적(審美的) 존재론이거나 아니면 개인적인 신비주의라고 비판을 받습니다. 직관에 의한 일반화, 의미의 횡포라고 할 수 있을 해석학적 나르시시즘이라고 하는 비판에서 그 부정적인 평가는 절정에 이릅니다.

이 모든 비판들을 일일이 상술하는 것은 엘리아데의 주장을 가능한 한 그대로 전달하려는 이 글의 맥락에서는 어쩌면 불필요할지도 모릅니다. 그러나 이를 간과할 수는 없습니다. 왜냐하면 오히려 이 계기에서 주목해야 할 것은 다양한 비판에도 불구하고 그 비판들의 초점이 대체로 일치한다는 사실에 근거하여 엘리아데의 '그다움'이 과연 어떤 것인지 살

퍼볼 수 있기 때문입니다.

이 계기에서 우리가 유념할 것은 이미 머리말에서 지적한 바 있지만 엘리아데는 학자이면서 동시에 문학가라는 사실입니다. 그는 많은 장·단편의 소설을 썼고, 희곡을 지었습니다. 여러 권의 자서전을 남겼고, 학문적인 틀을 괘념하지 않는 자유로운 문화 비평적인 글을 썼습니다. 그는 이러한 자기 자신에 대하여 다음과 같이 말하고 있습니다.

> 내 경우, 나는 곧 그러한 이중적인 소명[22]이 내 운명의 일부라는 것을 알았다. 아직 젊었을 때에도 나는 아무리 동양학 연구나 종교학에 사로잡힌다 할지라도 문학을 결코 포기할 수 없으리라는 것을 실감하고 있었다. 내게는 소설―단편·중편·장편을 막론하고―을 쓴다는 것이 '전공 이외에 할 수 있는 장기(長技)(violon d'Ingres)' 이상이었다. 소설 쓰기는 내 정신건강을 유지해주고 노이로제를 피하게 해주는 유일한 수단이었다.[23]

그렇게 말하면서 그는 인도에서 산스크리트 문법을 공부한 지 반 년이 넘을 무렵, 마치 질식할 것 같았던 처지로부터 벗어나기 위해 문법 공부를 중단하고 소설 『이사벨과 악마의 물』을 서둘러 두서너 주 동안에 다 마치자 겨우 다시 산스크리트와 삼키야(Samkhya) 철학을 공부하는 일에 몰두할 수 있었다는 이야기, 그리고 『샤머니즘』을 집필하던 중에 소설을 써야겠다는 충동 때문에 결국 집필을 중단하고 5년 동안 소설 쓰기에, 곧 『금지된 숲 *The Forbidden Forest*』을 마치는 일에, 전념했었다는 이야기를 첨가하고 있습니다. 그리고 다음과 같이 말합니다.

> 나는 나 자신에게 나의 정신적 균형―즉, 어떤 창조성을 위해서도 불가결한 조건―은 학문적인 본성의 탐구와 문학적인 상상 사이를 오가는 진자운동(振子運動)에 의하여 확실하게 된다고 말한 바 있다. 다른 많은 사람들처럼 나도 정신의 낮의 양태와 밤의 양태를 번갈아 살아가고 있다. 물론 나는 정신적 활동의 이 두 범주가 상호의존적이며, 그들이 깊은 차원에 있는 일치성을 드러내 주고 있다는 것을 알고 있다. 왜냐하면 그 둘은 동일한 '주제'―인간―에 관여하고 있기 때문이다. 더 정확하게 말하면 인간만이 가지는 독특한 세계내(世界內) 존재양식과 이 존재양식을 그러리라고 승인하려는 결단에 관여하고 있기 때문이다. 마찬가지로 나는 내 경험을 통하여 내 문학적 창작의 꽤 많은 부분이 어떤 종교적인 구조들을 더 깊이 이해하는데 기여했고, 때로는 소설을 쓰는 동안에는 내가 그 사실을 의식

하지 못하지만 문학적인 상상력이 내가 종교학자로서 연구
한 자료와 의미를 유용하게 했다는 것을 알고 있다.[24)]

그에게서 드러나는 것은 이른바 '인식과 상상의 긴장'입니
다. 그는 인식론적 합리성이 지니는 형식과 그로부터 비롯하
는 타당성을 결코 간과하지 않습니다. 물음이 해답을 추구하
는 과정에서 이러한 일정한 틀은 필수 불가결한 것입니다. 그
렇지 않다면 추구한 물음이 도달한 해답을 공유할 수 없습
니다. 학문의 학문다움은 그럴 수 있을 때 비로소 완성됩니
다. 그러나 그는 이러한 태도만으로 우리가 직면한 '문제'가
포괄적으로 또는 총체적으로 해답에 이를 수 있는 것은 아니
라는 사실을 아울러 겪고 있습니다. 근대 학문의 기반이 되
는 이른바 '과학적 실재론(scientific realism)'의 한계가 견딜 수
없이 직접적이고 현실적임을 간과할 수 없는 것입니다. 삶은
그러한 주장들이 제시하는 '논리적 생태(logical ecology)'에 갇
힐 수 없을 만큼 다양하고 크다고 여기기 때문입니다. 더구
나 그러한 태도조차 실은 형이상학적인 가설이나 존재론적
봉헌에 의하여 충동되고 지탱된다는 것을 유념하면 학문의
이름으로 제시되는 인식의 규범이란 실은 '기능–정의적 방
법(functional- defini- tional method)'일 뿐이지 그것 자체로 완결
적인 것일 수는 없습니다.

물론 학문을 통해 완벽한 해답을 얻을 수 있으리라는 기대는 잘못된 것입니다. 따라서 학문의 한계를 학문의 학문다움을 드러내는 것으로 받아들일 수도 있습니다. 그리고 인간의 다른 양태의 삶인 예술 등을 통해 학문의 한계를 '별도로' 보완할 수도 있습니다. 하지만 엘리아데는 그러한 기능 분화적 상호성보다 학문자체가 스스로 결한 또는 의도적으로 배제한 요소들을 다시 아우르는 일은 불가능한 것인지 스스로 묻습니다. 예를 들면 '시적 상상(poetic imagination)'은 과연 '인지적 주장(cognitive claim)'을 할 수 없는 것인지 묻고 있는 것입니다. 더 구체적으로 말하면 사실과 직면한 자리에서 사실에 대한 인식론은 시적 상상을 수반할 수도 있어야 알지 못하는 그 사물과의 만남을 비로소 정직하게 수행하는 것이 아니냐는 물음을 묻고 있는 것입니다.

그는 자신의 학문체계 안에서 그 둘을 용해시키지는 않았습니다. 적어도 형식상으로는 그러합니다. 다만 그는 자신의 실존적 삶의 울 안에 문학과 학문을 양립시키고, 그것을 오가는 삶을 통해 그 긴장을 유지하면서, 어느 하나로 인해 삶이 왜곡되는 위험을 스스로 극복하려 노력하였을 뿐입니다. 그럼에도 불구하고 그의 학문적인 저작들은 앞에서 언급한 바와 같이 '학문적이지 않다'는 평가를 정당화하는 많은 허점들을 노출하고 있습니다. 어떤 사실도 학문적인 담론 속에서 사실자체로 재연되지는 않습니다. 아무리 치밀한 서술이라 할지라도 불가피하게 학문의 사실담론은 무수한 틈새를 지닙니다. 그것을 정교한 논리로 잘 닫고 감추는 것이 실은 성공적인 인식론일지도 모릅니다. 그 틈새는 학문조차 스스로 감당하지 못한 것들입니다. 그런데 엘리아데는 그 틈새들을 스스로 일컫는 '창조적 상상력'을 통하여 그대로 채워 나갑니다. 그런데 바로 그 채움이 결과적으로 그를 평가절하하는 구실이 됩니다. 그도 자신이 그러한 부정적 평가를 받으리라는 것을 모르지 않습니다. 그는 자신의 저술들에 관하여 다음과 같이 언급한 적이 있습니다.

(나의 저술들은) 아무 것도 실증하지 않는다. 그러나 아무 것도 파괴하지 않는다.[25]

이 언급은 매우 소극적입니다. 학문의 이름으로 자행되는 파괴보다는 실증할 수 없음에도 불구하고 사실로부터 의미를 길어내는 일이 더욱 보람이 있으리라는 주장이기 때문입니다. 그러나 엘리아데의 생애는 이보다 훨씬 적극적입니다. 그는 우리의 '학문 함'이 기존의 학문성 또는 학문이라는 이름의 '자연주의적 과학주의(naturalistic scientism)'가 죽고 다른 것으로 되사는 통과의례적 경험을 문화-역사 안에서 이루어내지 못한다면 인류의 미래는 '절망적'일 수밖에 없다고 주장합니다. 하지만 절망할 까닭은 없습니다. 인류의 종교사는 그러한 계기에서 언제나 '제의'를 수행하는 것이 바로 인간임을 보여주고 있기 때문입니다. 그가 창조적 해석학을 주창하고 새로운 휴머니즘을 제창하는 것은 이러한 '인식'에 바탕을 둔 그의 '상상'에서 비롯한 것입니다.

인식과 상상의 팽팽한 긴장을 그대로 '누리려는' 이러한 그의 '학문적 태도'에 대한 긍정적 수용은 뜻밖에도 철학적 해석학으로부터 제시되었습니다. 예를 들어봅시다. 엘리아데는 역사적 시간은 환상적인 시간경험과 인식에 의하여 비참할 정도로 무력해지고 만다고 말합니다. 그런데 리쾨르(P. Ricoeur)는 이를 '역사와 허구(문학)의 교직(交織)'이라고 말합니다. 더 구체적으로 그는 이를 '역사의 허구(문학)화(fictionalization)'이면서 동시에 '허구(문학)의 역사화(historization)'라고 설명합니다. 그는 아예 역사는 '유사-허구(문학)적(quasi-fictive)'인 것이고, 허구(문학)는 '유사-역사적(quasi-historical)'인 것이라고 주장합니다.[26] 여기에서 주목할 것은 바로 이러한 교직의 현실성 속에서 지금 여기를 지양하는 하나의 틈새 또는 출구가 마련될 것이라고 기대하는 어떤 경험이 현존한다는 사실 그리고 이 현상을 바로 구원론적 출구(soteriological exit)라고 기술하고 해석하고 싶은 것이 엘리아데의 학문적 지향이라고 하는 사실입니다.

그렇다면 우리가 엘리아데에 관하여 관심을 기울여야 할 것은 그가 무엇을 주장하고 있는가 하는 것이 아니라 그가 어떤 물음을 묻고 있는가 하는 것(mode of inquiry)이어야 할지도 모릅니다. 그는 분명히 '성상파괴(iconclasm)'를 행하고 있기 때문입니다. 그의 이러한 행위에 대하여 공감하는지 그렇게 할 수 없는지 하는 문제는 각자의 자유이고 권리입니다. 이해(理解)란 불확실하고 부분적인 모델들을 직용해 가는 '은유적 과정'이라고 말하는 그를 이해한다는 것은 쉬운 일이 아닙니다. 더구나 철저하게 근대의 '학문'이라는 개념, 근대의 '종교'라는 개념, 그래서 근대의 '역사'와 '인간'이라는 개념에 길들어 있는 한 그렇습니다.

분명히 그의 저작들은 체계적이지 않습니다. 그의 이론은 정합성을 결하고 있습니다. 그러한 기준에서 보면 엘리아데가 일컬어지고 있다는 것 자체가 '알 수 없는 현상'이고, 그런 면에서, 엘리아데 자체가 문제라고 할 수도 있습니다. 실제로 그러한 비판이 펼쳐지고 있습니다. 긍정적으로 보더라도 그를 읽는 작업은 '끝이 없는 해석'을 강요합니다. 그럴 수밖에 없습니다. 사실 그가 발견한 것은 '무엇이 종교이다'가 아니라 사물과의 만남, 삶의 겪음이 빚는 끝없는 해석의 전개와 전승이 종교라는 이름으로 현존하고 있다는 사실에 대한 확인

엘리아데의 초상화.

이기 때문입니다.

그가 탄식해 마지않던 이른바 현대의 '소심한' 종교학이 그의 이러한 확인을 이어갈지, 아니면 다시 근대적 학문의 울 안으로 돌아가 개개 종교의 자기주장의 논리를 되읊는 편리한 자리에 머물지, 아직 분명하지는 않습니다. 하지만 그가 '유행'의 한 가닥으로 쉽게 사라지지 않는 것을 보면 그가 논의되지 않을 수 없는 만큼의 '인식과 상상의 긴장'이 그를 '학문의 세계' 안에서 메아리치게 하면서 이어지고 있는 것만은 분명합니다.

그를 일컫는 것만으로도 이른바 학자군(學者群)에서 배제되어야 하는 조건을 다 갖춘 것으로 여겨지는 한국의 '종교학' 풍토에서는 이미 그가 '학자'이지도 않고, 비록 그렇다 할지라도 '낡은 학자'가 된 지 오래입니다만.

주

1) *History of Religions* 1, Summer 1961, The University of Chicago Press, pp.2-3.

2) M. Eliade. *The Sacred and the Profane*, Harcourt, Brace & World, Inc. New York, 1959, p.10.

3) M. Eliade, *Patterns in Comparative Religion*. Sheed and Ward, London, 1958. p.11.

4) *Images and Symbols : Studies in Religious Symbolism*. A Search Book : Sheed and Ward, New York, 1969, p.20.

5) 위의 책, p.20.

6) 이 인용은 *A History of Religious Ideas* Vol. 1, The University of Chicago Press, 1978, p.xviii에서 한 것이다. 그런데 실은 엘리아데 자신이 그의 다른 저서인 *The Quest : History and Meaning in Religion*, The University of Chicago Press, 1969, Preface로부터 인용하여 재서술한 것이다.

7) *The Quest, Preface*.

8) *A History of Religious Ideas*, Vol. I, p.xiv.

9) I. Strenski, *Four Theories of Myth in Twentieth Century*, Macmillan, London, 1989, p.2.

10) G. S. Kirk, *The Nature of Greek Myths*, Penguin, New York, 1974, p.13.

11) *Myth and Reality*, Harper Torchbooks, New York, 1963, pp.5-6.

12) 위의 책, p.42.

13) 위의 책, p.141.

14) *Cosmos and History*, p.151.

15) *Myth, Dreams, and Mysteries : The Encounter between Contemporary Faiths and Archaic Realities*, Harper & Row, New York, 1960, pp.35-36.

16) *Patterns in Comparative Religion*, pp.464-465.

17) *The Quest*, p.67.

18) Matei Calinescu, "Mircea Eliade's Journals." *Denver Quarterly* 12, 1977, pp.313-315.

19) Graeme MacQueen, "Whose Sacred History? Reflections on Myth and Dominance." *Studies in Religion*, 1988, pp.5-22.

20) Terry Alliband, "Review of Mircea Eliade, A History of Religious Ideas." Reviews in *Anthropology* 7, 1980, pp.249-254.

21) Russell McCutcheon, *Manufacturing Religion : Discourse on sui generis Religion and the Politics of Nostalgia*. Oxford University Press, 1977, pp.51-52.

22) 학문적인 탐구와 예술적인, 특히 문학적인 활동을 뜻함.

23) Diane Apostolos-Cappadona(ed), *Symbolism, the Sacred, & the Arts,* The Crossroad Publishing Company, New York, 1986, p.172.

24) 위의 책, p.173.

25) *Soliloquii,* Editura Cartea cu Semne, Bucharest, 1932, p.83.

26) P. Ricoeur, *Time and Narrative,* Vol. III, The University of Chicago Press, 1990, pp.180-192.

참고문헌

■ 엘리아데의 주요저서

1938

Metallurgy, Magic, and Alchemy. Paris : Guenther, 1936.

1949

Patterns in Comparative Religion. London : Sheed and Ward, 1958 (*Traité d'Histoire des Religions.*). Translated from the French. 이은봉 옮김, 『종교양태론』, 한길사, 1996.

Cosmos and History : The Myth of Eternal Return. Princeton : Princeton University Press, 1954. Translated from the French. 정진홍 옮김, 『우주와 역사』, 현대사상사, 1976.

1951

Shamanism : Archaic Techniques of Ecstasy. London : Routledge and Kegan Paul, 1964. Translated from the French.

1952

Images and Symbols : Studies in Religious Symbolism. London : Harvill Press, 1961. Translated from the French. 이재실 옮김, 『이미지와 상징』, 까치, 1998.

1954

Yoga, Immortality and Freedom. London : Routledge and Kegan Paul, 1958. Translated from the French with considerable alterations. 정위교 옮김, 『요가 : 불멸성과 자유』, 고려원, 1989.

1956

The Forge and the Crucible. London : Rider and Co., 1962. Translated from the French.

1957

Myth, Dreams and Mysteries : Encounter between Contemporary Faiths and

Archaic Realities. London : Harvill Press, 1960.

The Sacred and the Profane : The Nature of Religion. London : Harcourt Brace Jovanovich, 1959. Translated from the French. 이동하 옮김, 『성과 속』, 학민사, 1983.

1958

Rites and Symbols of Initiation. London : Harvill Press, 1958 (Birth and Rebirth). Translated from the French.

1963

Myth and Reality. New York : Harper & Row, 1963. Translated from the French. 이은봉 옮김, 『신화와 현실』, 성균관대학교 출판부, 1985.

1967

From Primitives to Zen : A Sourcebook in Comparative Religion. New York : Harper & Row, 1967.

1969

The Quest : History and Meaning in Religion. London : University of Chicago Press, 1969. 박규태 옮김, 『종교의 의미 : 물음과 답변』, 서광사, 1990.

1976

A History of Religious Ideas, vol. I : From the Stone Age to the Eleusinian Mysteries. Chicago : University of Chicago Press, 1978. Translated from the French.

1978

A History of Religious Ideas, vol. II : From Gautama Buddha to the Triumph of Christianity. Chicago : University of Chicago Press, 1982. Translated from the French.

1983

A History of Religious Ideas, vol. III : From Muhammad to the Age of the Reforms. Chicago : University of Chicago Press, 1985. Translated from the

French.

1986

Symbolism, the Sacred, and the Arts. Edited by Diane Apostolos-Cappadona. New York : Crossroad, 1986. 박규태 옮김, 『상징, 신성, 예술』, 서광사, 1991.

■ 엘리아데의 주요 문학작품

1933

Maitryi. Translated from Romanian. *Bengal Nights,* Chicago : The University of Chicago Press, 1994.

1936

Andronic et le Serpente. Paris : L'Herne, 1979.

1939

Iphigenia. A Play, Valle Hermosa, Argentina : Editura Cartea Pribengnei, 1951.

1941

"Nights at Serampore" in *Two Strange Tales.* Boston and London : Shambala, 1986.

1952

"Twelve Thousand Head of Cattle." in *Fantastic Tales.* London : Dollin's, 1969

1954

The Forbidden Forest. Notre Dame : University of Notre Dame Press, 1978.

1960

"With the Gypsy Girls." *in Tales of the Sacred and Supernatural,* Philadelphia : Westminster Press, 1981.

1967

The Old Man and the Bureaucrats. Notre Dame : University of Notre Dame Press, 1979. 홍숙영 옮김, 『만툴리사 거리』, 전망사, 1982.

1970

The Endless Column. A Play. Dialectics and Humanism 10, no.1, 1983, pp.44–88.

1979

Nineteen Roses. in Three Fantastic Novella. London : Forest Books, 1989. 김경수 옮김, 『열아홉 송이의 장미』, 천지서관, 1993.

1982

In the Shadow of Lily. Unpublished.

■ 일기 및 자서전

Autobiography, vol. I : Journey East, Journey West, 1907~1938. Harper & Row, 1981.

Autobiography, vol. II : Exile's Odyssey, 1938~1969. The University of Chicago Press, 1988.

Journal I, 1945~1955. The University of Chicago Press, 1989.

Journal II, 1957~1969. The University of Chicago Press, 1989. (No Souvenirs : Journal, 1957~1969)

Journal III, 1970~1978. The University of Chicago Press, 1989.

Journal IV, 1979~1985. The University of Chicago Press, 1989.

■ 엘리아데에 대한 주요 연구서

정진홍, 『경험과 기억 : 종교문화의 틈 읽기』, 당대, 2003.

정진홍, 『종교문화의 인식과 해석 : 종교현상학의 전개』, 서울대학교 출판부, 1996.

Allen, D. *Structure and Creativity in Religion,* The Hague : Mouton, 1978.

Altizer, T. *Mircea Eliade and the Dialectic of the Sacred,* Philadelphia : The Westminster Press, 1963.

Carrasco, D. & Swanberg, J. M.(eds.) *Waiting for the Dawn : Mircea Eliade in Perspective,* Boulder, Westview Press, 1985.

Dudley III, G. *Religion on Trial : Mircea Eliade & His Critics,* Philadelphia : Temple University Press, 1977.

Giradot, N. J. & Ricketts, Mac L.(eds.) *Imagination and Meaning : The Scholarly & Literary Worlds of Mircea Eliade,* New York : The Seabury, 1969.

Kitagawa, J. and Long, C. *Myths and Symbols : Studies in Honor of Mircea Eliade,* Chicago : University of Chicago Press, 1969.

Rasmussen, D. *Symbol and Interpretation,* The Hague : Martinus Nijhoff, 1974.

Rennie, B. *Reconstruction Eliade : Making Sense of Religion,* State University of New York Press, 1996.

Saliba, J. F. *Homo Religiosus in Mircea Eliade : Anthropological Evaluation,* Leiden : E. J. Brill, 1976.

큰 글자로 읽는 세상의 모든 지식
〈살림지식총서〉

001 신용하 교수의 독도 이야기 | 신용하
002 중국의 고구려사 왜곡 | 최광식
003 좋은 문장 나쁜 문장 | 송준호
004 색채의 상징 색채의 심리 | 박영수
005 노블레스 오블리주 | 예종석
006 커피 이야기 | 김성윤
007 한옥 | 박명덕
008 스티브 잡스 | 김상훈
009 미국의 정체성 | 김형인
010 한국교회의 역사 | 서정민
011 유대인 | 정성호
012 여행 이야기 | 이진홍
013 위대한 도서관 건축 순례 | 최정태
014 기후변화 이야기 | 이유진
015 문화대혁명 | 백승욱
016 한국인의 관계심리학 | 권수영
017 와인 어떻게 즐길까 | 김준철
018 양주 이야기 | 김준철
019 미래를 예측하는 힘 | 최연구
020 우리 헌법 이야기 | 오호택
021 음식 이야기 | 윤진아
022 일본요리의 역사 | 박병학
023 역사로 본 중국음식 | 신계숙
024 아름다운 도서관 오디세이 | 최정태
025 실용주의 | 이유선
026 중국의 정체성 | 강준영
027 중국의 문화코드 | 강진석
028 성공의 길은 내 안에 있다 | 이숙영
029 허브 이야기 | 조태동 · 송진희
030 성, 그 억압과 전보의 역사 | 윤가현
031 금강경 | 곽철환
032 달마와 그 제자들 | 우봉규
033 막걸리 이야기 | 정은숙
034 면 이야기 | 김한송
035 사람은 왜 인정받고 싶어하나 | 이정은
036 중년의 사회학 | 정성호
037 중국차 이야기 | 조은아
038 요가 | 류경희
039 이슬람 문화 | 이희수
040 화두와 좌선 | 김호귀
041 한국과 일본 | 하우봉
042 사상의학 바로알기 | 장동민
043 조선의 명의들 | 김호
044 꼭 알아야 하는 미래 질병 10가지 | 우정현
045 치명적인 금융위기, 왜 유독 대한민국인가 | 오형규
046 불안사회 대한민국, 복지가 해답인가 | 신광영

047 왜 그 음식은 먹지 않을까 | 정한진
048 테마로 보는 서양 미술 | 권용준
049 주역과 운명 | 심의용
050 중국을 이해하는 9가지 관점 | 우수근
051 미국의 좌파와 우파 | 이주영
052 법의학의 세계 | 이윤성
053 중국사상의 뿌리 | 장현근
054 중국인의 금기 | 장범성
055 중국적 사유의 원형 | 박정근
056 지식의 성장 | 이한구
057 사건으로 보는 한국의 정치변동 | 양길현
058 한반도 시나리오 | 정욱식
059 책과 세계 | 강유원
060 철학으로 보는 문화 | 신응철
061 학계의 금기를 찾아서 | 강성민
062 미 · 중 · 일 새로운 패권전략 | 우수근
063 박이문의 문학과 철학 이야기 | 박이문
064 일본의 정체성 | 김필동
065 일본의 서양문화 수용사 | 정하미
066 탈식민주의에 대한 성찰 | 박종성
067 불교의 선악론 | 안옥선
068 와인의 문화사 | 고형욱
069 기독교의 교파 | 남병두
070 김수영, 혹은 시적 양심 | 이은정
071 서양의학의 역사 | 이재담
072 몸의 역사 | 강신익
073 프랑스 혁명 | 서정복
074 홍차 이야기 | 정은희
075 중화경제의 리더들 | 박형기
076 역사 속의 채식인 | 이광조
077 명예훼손이란 무엇인가 | 안상운
078 호감의 법칙 | 김경호
079 핵심 중국어 간체자 | 김현정
080 전통 명품의 보고, 규장각 | 신병주
081 보수와 진보의 정신분석 | 김용신
082 논어 | 윤홍식
083 장자 | 이기동
084 맹자 | 장현근
085 관자 | 신창호
086 순자 | 윤무학
087 한비자 | 윤찬원
088 노자 | 임헌규
089 묵자 | 박문현
090 포스트모더니즘에 대한 성찰 | 신승환
091 오리엔탈리즘의 역사 | 정진농
092 세계지도의 역사와 한반도의 발견 | 김상근

093 간도는 누구의 땅인가 | 이성환
094 갈매나무의 시인 백석 | 이숭원
095 비타민 이야기 | 김정환
096 사주 이야기 | 이지형
097 메이지 유신 | 장인성
098 공간 해석의 지혜, 풍수 | 이지형
099 이야기 동양철학사 | 강성률
100 이야기 서양철학사 | 강성률
101 이승만 평전 | 이주영
102 미군정시대 이야기 | 차상철
103 한국전쟁사 | 이희진
104 정전협정 | 조성훈
105 대한민국 대통령들의 한국경제 이야기1 | 이장규
106 대한민국 대통령들의 한국경제 이야기2 | 이장규
107 NLL을 말하다 | 이상철
108 희망이 된 인문학 | 김호연
109 우리말 한자 바로쓰기 | 안광희
110 경허와 그 제자들 | 우봉규
111 MD | 정욱식
112 위대한 어머니 여신 | 장영란
113 인도신화의 계보 | 류경희
114 추리소설의 세계 | 정규웅
115 인체의 신비 | 이성주
116 중세는 정말 암흑기였나 | 이경재
117 르 몽드 | 최연구
118 재즈 | 최규용
119 진정한 프로는 변화가 즐겁다 | 김학선
120 매체 정보란 무엇인가 | 구연상
121 유럽왕실의 탄생 | 김현수
122 절대왕정의 탄생 | 임승휘
123 세기의 사랑 이야기 | 안재필
124 아테네 영원한 신들의 도시 | 장영란
125 그리스 문명 | 최혜영
126 그리스와 로마 | 김덕수
127 중세와 토마스 아퀴나스 | 박경숙
128 안토니 가우디 | 손세관
129 문화콘텐츠란 무엇인가 | 최연구
130 글로벌 리더 | 백형찬
131 명상이 경쟁력이다 | 김필수
132 장군 이순신 | 도현신
133 한국 무기의 역사 | 이내주
134 나는 누구인가 | 김용신
135 뇌의 비밀 | 서유헌
136 역사를 움직인 중국 여성들 | 이양자
137 중국 고전 이야기 | 문승용
138 발효 이야기 | 이미란
139 결혼 이야기 | 남정욱
140 광고로 보는 근대문화사 | 김병희
141 20세기의 위대한 지휘자 | 김문경
142 20세기의 위대한 피아니스트 | 노태현
143 대학의 역사 | 이광주
144 디지털 시대의 글쓰기 | 이강룡
145 마피아의 계보 | 안혁
146 별자리 이야기 | 이형철

147 사르트르와 보부아르의 계약결혼 | 변광배
148 스마트 위험사회가 온다 | 민경식
149 알고 쓰는 화장품 | 구희연
150 어떻게 일본 과학은 노벨상을 탔는가 | 김범성
151 효과적인 설득을 위한 논리적 글쓰기 | 여세주
152 질병의 사회사 | 신규환
153 도시재생 이야기 | 윤주
154 레이첼 카슨과 침묵의 봄 | 김재호
155 마쓰시타 고노스케 | 권혁기
156 미국을 만든 사상들 | 정경희
157 미셸 푸코 | 양운덕
158 서울은 어떻게 계획되었는가 | 염복규
159 알베르 카뮈 | 유기환
160 영화로 보는 미국 | 김성곤
161 조선왕조실록 1 | 이성무
162 조선왕조실록 2 | 이성무
163 조선왕조실록 3 | 이성무
164 조선왕조실록 4 | 이성무
165 조선왕조실록 5 | 이성무
166 조선왕조실록 6 | 편집부
167 헬레니즘 | 윤진
168 M.엘리아데 | 정진홍
169 비잔틴제국 | 진원숙
170 DNA분석과 과학수사 | 박기원

정진홍(mute93@hanmail.net)

서울대학교 문리학과 대학 종교학과를 졸업하고 서울대학교 인문대학 종교학과 교수, 한림대학교 과학원 교수, 이화여대, 울산대 석좌교수를 역임했다. 현재 서울대학교 명예교수, 대한민국 학술원 회원이다. 저서로는 『정직한 인식과 열린 상상력』(2010, 청년사), 『지성적 공간 안에서의 종교』(2015, 세창출판사) 등이 있다.

큰글자 살림지식총서 168

M. 엘리아데 종교와 신화

펴낸날	초판 1쇄 2021년 12월 31일

지은이	정진홍
펴낸이	심만수
펴낸곳	(주)살림출판사
출판등록	1989년 11월 1일 제9-210호

주소	경기도 파주시 광인사길 30
전화	031-955-1350 팩스 031-624-1356
홈페이지	http://www.sallimbooks.com
이메일	book@sallimbooks.com

ISBN	978-89-522-4362-1 04080
	978-89-522-3549-7 04080 (세트)

※ 이 책은 살림지식총서 040 『M.엘리아데』를
   큰 글자로 만든 것입니다.
※ 이 책은 큰 글자가 읽기 편한 독자들을 위해
   글자 크기 14포인트, 4×6배판으로 제작되었습니다.